MELANIE CARSTENS
(Hrsg.)

# NACH HAUSE KOMMEN

*12 Wege, Gott im Alltag zu begegnen*

SCM
R.Brockhaus

**SCM**

Stiftung Christliche Medien

SCM R.Brockhaus ist ein Imprint der SCM Verlagsgruppe,
die zur Stiftung Christliche Medien gehört, einer gemeinnützigen Stiftung,
die sich für die Förderung und Verbreitung christlicher Bücher,
Zeitschriften, Filme und Musik einsetzt.


Max-Eyth-Str. 41 · 71088 Holzgerlingen
Internet: www.scm-brockhaus.de · E-Mail: info@scm-brockhaus.de



Lektorat: Mirja Wagner, www.lektorat-punktlandung.de
Umschlaggestaltung: JoussenKarliczek
Titelbild: Foto: Tabitha Turner / unsplash.com
Innengestaltung: Yun-mi Willems, www.yunmi.de
Druck und Bindung: Dimograf
Gedruckt in Polen
ISBN 978-3-417-26970-3
Bestell-Nr. 226.970

# INHALT

# VORWORT

Für mich war es damals wie eine Offenbarung. Ich saß auf meinem Stuhl bei einer Willow-Creek-Konferenz, hörte dem Referenten konzentriert zu und dachte gleichzeitig fasziniert und begeistert: „Das eröffnet ja völlig neue Möglichkeiten!" Vorgestellt wurde damals das Buch von Gary L. Thomas „Sacred Pathways – Discover your soul's path to God", das ich mir direkt danach auf Englisch bestellt und gelesen habe und das später unter dem Titel „Neun Wege, Gott zu lieben"[1] auch auf Deutsch erschienen ist.

Das Ganze ist bestimmt zwanzig Jahre her. Doch ich erinnere mich noch genau an diesen Moment, in dem mir schlagartig bewusst wurde: Es gibt so unglaublich viel mehr Wege, Gott zu begegnen, als „nur" Beten und Bibellesen, mit denen ich in meiner protestantischen Tradition aufgewachsen war. Natürlich habe ich mich immer um beides bemüht. Aber es war eben immer ein „Bemühen". Eher Pflicht als Kür, eher das vernünftige Essen, das nährt, als das Festmahl, das die Seele erhebt.

Und nun las ich in diesem Buch darüber, wie Gott Menschen auch über Musik, Kunst, Herausforderungen, Natur, Liturgie, Rituale, besondere Erlebnisse oder auch andere Menschen begegnen kann. Plötzlich spürte ich, wie viel mehr Möglichkeiten ich habe, Gott zu begegnen und zu erleben.

Und das ist ja auch nur einleuchtend: Warum sollte sich ein allmächtiger Gott, der Himmel und Erde und alles, was es darin gibt, erschaffen hat, auf nur zwei Wege beschränken, mit uns Menschen in Kontakt zu treten? Schon in der Bibel werden ja viel mehr Wege als das Gebet und das Studium heiliger Schriften beschrieben: Großartige Naturschilderungen in den Psalmen zeigen, wie die Erhabenheit der Berge oder die Kraft des Meeres uns die Augen über Gottes Größe und Allmacht öffnen. Menschen erleben in herausfordernden Situationen Gottes Eingreifen und seine Gegenwart. Begabte Musikerinnen und Musiker teilen ihren künstlerischen Blick auf Gott mit ihren Mitmenschen, die dadurch ebenfalls ins Stauen und in die Anbetung kommen.

Doch allzu oft lässt uns die Macht der Gewohnheit bei dem bleiben, was wir kennen. Wir nutzen die Zugangswege, die uns vertraut sind oder die innerhalb unserer kirchlichen Tradition gepflegt werden. Deshalb ist dieses Buch eine herzliche Einladung, die hier beschriebenen zwölf Wege, Gott zu begegnen, einmal auszuprobieren und persönlich kennenzulernen.

Genau wie in den Artikeln der Zeitschrift JOYCE, die ich als Redakteurin gestalte, geben zwölf Autorinnen hier einen sehr persönlichen Einblick in ihre Erfahrungen mit Gott. Doch in diesem Buch geht es noch einen Schritt weiter: Zusätzlich zu dem inspirierenden Artikel finden sich hier zu jedem Artikel Fragen zum Weiterdenken, eine Bibelstelle zur Vertiefung und konkrete Übungen, mit denen du diese Zugangswege kennenlernen und ausprobieren kannst.

Das Buch ist für zwölf Abende konzipiert, an denen du dich mit je einem der Zugangswege beschäftigst. Natürlich ist es möglich, das Buch für dich alleine zu lesen, dich persönlich mit den Fragen und Anregungen auseinanderzusetzen und die Übungen dazu auszuprobieren. Noch mehr Gewinn wirst du daraus aber vielleicht ziehen, wenn du eine Freundin – oder sogar zwei oder drei Freundinnen – bittest, diese zwölfwöchige Reise mit dir gemeinsam anzutreten und ihr euch einmal pro Woche trefft, um euch über die Themen, Fragen und Anregungen auszutauschen.

Genauso ideal ist das Buch, um es mit deiner bestehenden Kleingruppe oder deinem Hauskreis zu lesen, wenn ihr gemeinsam bereit seid, euch zwölf Wochen lang auf dieses Thema einzulassen und diese Entdeckungsreise zusammen anzutreten.

Alle Kapitel sind auf dieselbe Weise gegliedert, sodass du mit deinen Freundinnen bzw. deinem Hauskreis / deiner Kleingruppe ohne große Vorbereitung durch den Abend geleitet wirst. Als kleines Extra hat jede Autorin noch ein Lieblingsrezept verraten, das euren gemeinsamen Austausch bereichern kann. Denn häufig entstehen die besten Gespräche doch beim Essen!

Es lohnt sich daher, wenn die Gastgeberin die Einheit des nächsten Abends vorab schon einmal durchliest, um zu klären, wer den Snack vorbereitet, und auch, ob für die anstehende Einheit eventuell Material für den Einstieg oder die Übung zum Abschluss gebraucht wird.

All die Fragen und Übungen in diesem Buch sind als Anregung gedacht. Es geht nicht darum, an einem Abend alle Fragen abzuarbeiten – manchmal sind es so viele, dass das gar nicht möglich ist. Schau, welche dich ansprechen, und lass dich darauf ein, darüber nachzudenken. Wenn ihr eine Gruppe seid: Schaut, welche euch helfen, gut miteinander ins Gespräch zu kommen.

Wichtig bei alldem ist, dass der Austausch wertschätzend und respektvoll stattfindet. Es kostet immer Mut, von seinen persönlichen Gotteserfahrungen zu erzählen – und dieser Mut, sich selbst im Gespräch verletzlich zu machen und etwas von seinem Inneren preiszugeben, sollte von den anderen mit Zuspruch und Wertschätzung belohnt werden. Selbstverständlich ist auch, dass nichts Persönliches außerhalb der Gruppe weitererzählt wird.

Und immer daran denken: Es gibt keine richtige oder falsche Art, Gott zu begegnen – jeder Mensch ist anders, fühlt anders, erlebt Gott anders. Deshalb können deine Erfahrungen und die deiner Freundinnen beim gleichen Thema sehr unterschiedlich sein. Manches, was jemand erzählt, wirst du gut nachvollziehen können – anderes nicht. Bitte höre es als Horizonterweiterung für dich selbst an und kritisiere die anderen nicht für ihre Erfahrungen. Aber sehr gerne dürft ihr füreinander beten – an den Abenden, aber auch wenn ihr während eurer gemeinsamen Entdeckungsreise aneinander denkt.

Ich wünsche dir jetzt beim Lesen und Ausprobieren dieser verschiedenen Zugangswege, dass du neu von Gott und seiner wertschätzenden Art, dir zu begegnen, berührt wirst. Ganz egal, ob du das Buch für dich alleine oder in einer Gruppe liest.

Falls du Lust hast, mir von deinen oder euren Erfahrungen beim Ausprobieren dieser Zugangswege zu erzählen, würde ich mich sehr über eine E-Mail von dir freuen! Du erreichst mich über die JOYCE-Redaktion unter gottbegegnen@joyce-magazin.net.

Herzliche Grüße!

*Melanie*

# GOTT BEGEGNEN

—

*in der Stille*

# STILLE – DIE GEGENWART GOTTES WAHRNEHMEN

*Von Regina Neufeld*

Ich sitze auf dem Bett meines schlichten Zimmers im Gästeflügel eines Klosters und lausche. Nichts. Ich höre nichts. Gerade noch hat mich das Glockengeläut geweckt, doch nun ist es wieder still. Es ist mein zweiter Tag und ich frage mich, wie ich ihn wohl empfinden werde. Gestern war alles noch sehr fremd. Nicht nur, weil ich der einzige nicht katholische Gast war. Die Stille, sie verwirrte mich. Ich fühlte mich innerlich zerrissen, getrieben, einsam. Ganz und gar nicht ruhig. Ich spürte den Drang, zu meinem Handy zu greifen. Doch um Internetzugang zu haben, müsste ich in einen der Gemeinschaftsräume gehen. Ich bin hier, um allein zu sein. Allein mit mir. Allein mit Gott. Doch das ist schwerer, als ich dachte.

## IN DER RUHE LIEGT KRAFT

Stille soll bekanntlich nicht nur Stress reduzieren, sondern auch die Konzentration und Kreativität fördern. Später las ich, dass sogar das Gehirn wächst, wenn man regelmäßig Zeiten in der Stille verbringt. Selbst meditative Musik hat keine so starke Wirkung wie Stille.
Ich will alles davon. Denn ich habe schon lange das Gefühl, nicht mehr richtig abschalten zu können. Der Alltag, meine To-do-Listen und die sozialen Medien forderten in letzter Zeit pausenlos meine Aufmerksamkeit. Nun ist da nichts. Nichts als Stille. Und darin liegt alles, was ich brauche.

„In der Ruhe liegt die Kraft" ist kein leeres Sprichwort. Selbst die Bibel spricht davon: „Durch Umkehr und Ruhe könntet ihr gerettet werden. Durch Stillsein und Vertrauen könntet ihr stark sein. Aber das wollt ihr nicht" (Jesaja 30,15).

Ich will das. Wirklich. Den ersten Schritt habe ich geschafft, indem ich meinen Blick neu auf Gott gerichtet habe. Nun gilt es, die Ruhe wahrzunehmen, die Stille auszuhalten und zu vertrauen.

Den ersten meiner drei Tage im Kloster brauchte ich dafür, mein Wirrwarr an Gedanken loszulassen. Ich ging spazieren, zum See, durch den Wald, und merkte, wie sich meine Schritte mit der Zeit beruhigten. Meine Ohren öffneten sich für das Orchester der Natur, meine Augen entdeckten viele versteckte Kunstwerke Gottes.

Heute, an meinem zweiten Tag, setze ich mich bewusst hin und mache mir die Gegenwart Gottes bewusst. Ich lege meine Gedanken, Gefühle und Bitten vor ihn, ich denke auch über das nach, was ich in seinem Wort gelesen habe. Aber vor allem möchte ich ihn sprechen lassen, einfach sein, wo er ist: im Jetzt.

## EIN GEFÜHL VON ANKOMMEN

Langsam macht sich das Gefühl von Ankommen in mir breit. Zuhause sein. Zurück von meinen Irrungen, zurück in den Armen meines himmlischen Vaters. Ich darf mich an seine Brust lehnen und seinem Herzschlag lauschen. Worte sind überflüssig. Ich darf einfach sein. Bei ihm. Und obwohl wir nicht miteinander sprechen, wird alles gesagt. Die Zeit steht still. Kein Sekundenzeiger, der mich antreibt. Ganz hier. Ganz jetzt. Er und ich. Ich fühle mich wie Maria, die alles um sich herum vergisst, während sie Jesus ansieht und seinen Worten lauscht. Worten, die majestätisch, mächtig sind und gleichzeitig zärtlich.

Mich in seiner Gegenwart zu verlieren, hilft mir, zu verstehen, was wichtig ist. Als würde ich durch das Wasser eines stillen Sees bis auf den Grund sehen. Ich lasse meine Tagträume los, meine Altlasten, meine Zukunftsängste, sodass meine Hände frei sind, Segen zu empfangen.

Ich lerne neu, über Gott zu staunen, ihn zu loben und anzubeten. Da fällt mir der Vers aus 2. Korinther 3,18 ein: „Von uns allen wurde der Schleier weggenommen, sodass wir die Herrlichkeit des Herrn wie in einem Spiegel sehen können. Und der Geist des Herrn wirkt in uns, sodass wir ihm immer ähnlicher werden und immer stärker seine Herrlichkeit widerspiegeln.“ So oft hatte ich mir vorgenommen, Gott ähnlicher zu werden. Doch statt es mir zu erarbeiten, darf ich stille werden und in sein Spiegelbild verwandelt werden.

*Mich in seiner Gegenwart zu verlieren, hilft mir, zu verstehen, was wichtig ist.*

Am Ende meiner Stillen Tage verstehe ich, dass es keine Verschwendung ist, wenn ich mir auch im Alltag immer wieder solche Zeiten einräume. Denn in der Stille begegne ich Gott. Hier finde ich Antworten. Hier tanke ich auf. Hier wachse und lerne ich. Hier bete ich an.

»
Nun war da nichts. Nichts als Stille.
Und darin lag alles, was ich brauchte.
«

# START IN DEN ABEND

Was sind deine bisherigen Wege, Gott zu begegnen?
Welche Erwartungen hast du an die kommenden Abende?

——— *Schreibe dir dazu, wenn du das Buch alleine liest, ein paar kurze Gedanken auf. Bei einem Treffen in der Gruppe macht zunächst, wenn ihr euch noch nicht kennt, eine kurze Vorstellungsrunde. Tauscht euch anschließend über die Fragen aus.*

# ZUM EINSTIEG

Nehmt euch etwa zehn Minuten Zeit, um einander in Stille zu begegnen, und spürt die Gegenwart der anderen Frauen. Redet nicht miteinander, sondern schaut einander an und macht euch bewusst, wer die anderen wirklich sind.
Wie mag es ihnen wohl gehen? Was sagen ihre Augen? Ihre Körperhaltung?
Was wisst ihr voneinander? Und was möchtet ihr vielleicht wissen?
Nun schließt alle die Augen und macht euch die Gegenwart Gottes bewusst.
Er ist mitten unter euch. Wer ist er für euch? Was empfindet ihr?
Hört ihr ihn etwas sagen?

——— *Überlegt kurz und tauscht euch dann darüber aus.*

# FÜR SICH

Suche dir einen ruhigen Platz. Kannst du dich ganz auf den Moment der Stille einlassen? Mache dir die Gegenwart Gottes neu bewusst – er ist ganz nah bei dir.
Was empfindest du dabei?

# FRAGEN ZUM EINLEITENDEN TEXT

- Fühlst du dich manchmal rastlos und getrieben?
- Kannst du es aushalten, wenn du allein bist und es ganz still ist, oder musst du etwas hören oder tun?
- Was tust du, wenn du nichts zu tun hast oder auf jemanden warten musst?
- Was sind deine Strategien, um zur Ruhe zu kommen?
- Wie sieht deine Stille Zeit aus? Ist sie wirklich still?
- Wenn du dir Zeit nimmst, um auf Gottes Stimme zu hören, schleichen sich dann häufig Gedanken ein, die dich ablenken? Wenn ja, welche sind das?
- Was kannst du tun, wenn deine Gedanken immer wieder von Gott abschweifen?
- Wie kannst du in deinem Alltag Zeiten der Stille einbauen? Was nimmst du dir konkret vor?
- Möchtest du auch mal einen Nachmittag, einen Tag oder sogar ein Wochenende in Stille verbringen? Mach es konkret und lege direkt einen Termin und einen Ort fest.

*Schreibe dir dazu, wenn du das Buch alleine liest, ein paar kurze Gedanken auf. Bei einem Treffen in der Gruppe tauscht euch darüber aus.*

# GOTTES GEDANKEN LAUSCHEN

*Lest gemeinsam folgende Bibelstellen:*

**Ganz früh, es war noch Nacht,**
**ging Jesus allein an einen einsamen Ort, um zu beten.**
*Markus 1,35*

**Der Herr aber wohnt in seinem heiligen Tempel.**
**Die ganze Erde verstumme vor ihm!**
*Habakuk 2,20*

**Der Herr selbst wird für euch kämpfen. Bleibt ganz ruhig!**
*2. Mose 14,14*

# FRAGEN ZUM BIBELTEXT

## ZUM AUSTAUSCH UND ZUR PERSÖNLICHEN REFLEXION

- Warum suchte Jesus das Gespräch mit seinem Vater ausgerechnet in aller Frühe? Warum sind die Morgenstunden so besonders?
- Warum fordert Habakuk zum Schweigen vor Gott auf?
- Bist du bereit, früher aufzustehen, um Zeit mit Gott zu verbringen oder andere Opfer zu bringen, die nötig sind, um Zeiten der Stille in deinem Alltag zu ermöglichen?
- In welcher Haltung begegnest du Gott? Wer ist er für dich?
- Hast du schon mal erlebt, wie Gott für dich gekämpft hat? Wie hast du dich dabei gefühlt?
- Fällt es dir leicht, Gott für dich kämpfen zu lassen, oder versuchst du, die Dinge selbst zu regeln?

# JETZT WIRD ES PRAKTISCH

## GEMEINSAM BEIM TREFFEN: SCHWEIGESPAZIERGANG

Falls es euch möglich ist, euch früher zu treffen, dann macht zusammen einen Schweigespaziergang. Geht am besten hintereinander und nutzt die Zeit, um mit Gott zu sprechen und ihm zuzuhören. Vielleicht könnt ihr den Spaziergang auch am Ende des Treffens machen. Wenn ihr mögt, berichtet euch anschließend von euren Schweige-Erfahrungen.

*Schließt den Abend mit einem einzelnen oder gemeinsamen Gebet ab.*

## FÜR SICH IN DER KOMMENDEN WOCHE: EINE STUNDE STILLE

Nimm dir mindestens eine Stunde Zeit – stelle den Wecker, damit du nicht immer wieder auf die Uhr schaust – und setze dich hin. Nimm die Stille wahr und trete bewusst vor den Thron Gottes. Sobald dich Gedanken ablenken, öffne deine Hände, um zu zeigen, dass du sie loslässt. Bleibe mit offenen Händen sitzen als Zeichen dafür, dass du bereit bist, zu empfangen, was Gott dir schenken möchte.

*Schließe deine Stunde der Stille mit einem Gebet ab.*

# **PLATZ** *für*
*Gedanken, Fragen und Gebete*

**SNACKVORSCHLAG**

Bereitet in der Vorbereitung auf euer Treffen diesen leckeren Snack zu, dann könnt ihr ihn beim oder nach dem Austausch gemeinsam genießen.

## WARMER NEKTARINEN-CRUMBLE
(FÜR 4 PERSONEN)

### ZUTATEN

4 Nektarinen
150 g Haferflocken
1 Prise Salz
1/2 TL Zimt
60 ml Ahornsirup
50 g Mandelmus

### ZUBEREITUNG

Während der Ofen auf 180 Grad vorheizt, die Nektarinen in Scheiben schneiden und in einer Auflaufform verteilen. Nun die trockenen Zutaten miteinander mischen, dann die restlichen hinzugeben. Die Streusel über die Nektarinen krümeln und das Ganze für 20–25 Minuten in den Ofen stellen. Am besten warm und mit einer Kugel Eis genießen.

**Regina Neufeld** lebt mit ihrer Familie in der Nähe von Bonn. Sie schreibt auf ihrem Blog **www.beschenkt.com**, arbeitet als Referentin und Seelsorgerin und hat in ihrer Freizeit immer ihre Kamera in der Hand.

# GOTT BEGEGNEN

*im Abendmahl*

# ABENDMAHL – WILLKOMMEN AM TISCH

*Von Christine Kernstock*

Essen ist fertig!" Wenn ich die Augen schließe, kann ich die helle Stimme meiner Mutter noch heute hören, wie sie aus der Küche, durch den Flur bis zu mir ins Kinderzimmer dringt. Wie sie mich aus dem Spiel oder von den leidigen Hausaufgaben wegholt und in die Küche lockt. Dorthin, wo es warm ist und wo mein Platz auf der Eckbank bereits auf mich wartet. Das gemeinsame Abendessen war das Herzstück unseres Familienalltages. Hier, versammelt um den Küchentisch, wurden die Tageserlebnisse geteilt, wurde zugehört, gelacht und natürlich: gegessen. Hier hatten wir Gemeinschaft. Wenn man mich nach einem Sinnbild für Familie fragen würde, dann würde ich wahrscheinlich unseren Küchentisch beschreiben.

Bis heute gehört die Gemeinschaft beim Essen zu den Dingen, die ich mit am meisten genieße. Ein sehr eindrückliches Erlebnis war das erste gemeinsame Abendessen in meiner neuen Gemeinde. Ich war zu einem Hauskreistreffen eingeladen und ziemlich nervös. Ganz neu in der Stadt, kannte ich niemanden aus der Gruppe und hatte nur am Sonntag in der Gemeinde kurz mit der Gastgeberin gesprochen. Ich war mir nicht sicher, ob ich in dieser Gruppe von Fremden einen Platz finden würde. Als mir die Tür geöffnet wurde, wurde ich jedoch herzlich begrüßt und gleich in die Küche geführt. Hier waren bereits alle um den Küchentisch versammelt, lachten, schwatzten, kauten und winkten mir fröhlich zu. Ein Platz am Tisch war frei gehalten worden – mein Platz.

## EIN HAUCH VON HEIMAT

Am Tisch willkommen zu sein – das bedeutet für mich, einen Hauch von Heimat zu spüren, egal, wo ich mich gerade aufhalte. Vielleicht bin ich auch deswegen in einer Gemeinde gelandet, die den Gottesdienst mit einem gemeinsamen Frühstück beginnt und abendliche Treffen am liebsten mit einem Abendessen einläutet. Es ist, als würde das gemeinsame Essen eine Verbindung zwischen Menschen herstellen, die über Worte hinausgeht. Gemeinsam essen bedeutet, sich Zeit zu nehmen. Gemeinsam essen bedeutet Vertrauen. Es bedeutet teilen. Es bedeutet, Haus und Herz für andere zu öffnen.

„Schmecket und sehet, wie freundlich der Herr ist" (Psalm 34,9a; LUT). Das ist der Satz, mit dem in vielen Kirchen und Gemeinden zum Abendmahl gerufen wird. Jesus lädt uns an seinen Tisch ein. Beim Abendmahl macht Gott sein Herz auf eine besondere Weise auf: Er isst mit uns. Er teilt sich selbst. Er deckt den Tisch und er ruft uns zum Essen. Abendmahl, das bedeutet Intimität mit Gott.

## JESUS SCHENKT SICH

Als Jesus das erste Mal Abendmahl gefeiert hat, waren seine engsten Freunde anwesend. Ein kleiner Kreis von Menschen, die er liebte und die er um sich haben wollte. Und bei jedem Abendmahl, das seitdem in seinem Namen gefeiert wird, tut er genau das wieder: Er lädt seine Freunde ein, die Menschen, die er um sich haben möchte und die auch mit ihm zusammen sein möchten. Er schenkt sich, seine Freundschaft, seine Liebe, sein Herz.

*Hier, an diesem göttlichen Tisch, ist ein Platz für mich frei gehalten worden. Hier bin ich willkommen.*

Wann immer die Einladung zum Abendmahl kommt, schlägt mein Herz schneller. Denn ich weiß, dass es Jesus persönlich ist, der da ruft. Es ist Jesus, der mich an seinem Tisch haben will. Hier, an diesem göttlichen Tisch, ist ein Platz für mich frei gehalten worden. Hier bin ich willkommen. Deswegen höre ich auch meist hinter den Worten des Pfarrers, „Schmecket und sehet, wie freundlich der Herr ist", den leisen Klang von Jesu Stimme, die sagt: „Komm an den Tisch, Essen ist fertig!"

»Abendmahl, das bedeutet Intimität mit Gott.«

# START IN DEN ABEND

Welche Erfahrungen hast du mit der praktischen Übung von letzter Woche gemacht? War das ein Zugangsweg, der dir geholfen hat, Gott zu begegnen?

——— *Schreibe dir dazu, wenn du das Buch alleine liest, ein paar kurze Gedanken auf. Bei einem Treffen in der Gruppe tauscht euch über die Erfahrungen der Vorwoche aus.*

# ZUM EINSTIEG

Bringt zu diesem Treffen euren Lieblingsaufstrich oder -dip mit. Der kann selbst gemacht oder gekauft sein. Die Gastgeberin kümmert sich um das Brot. Das mitgebrachte Essen lässt sich sehr gut mit den Fingern essen. Wie war das früher bei dir zu Hause? Bestanden deine Eltern auf Tischmanieren oder durftest du auch mal mit den Fingern essen? Was war dein Lieblingsessen als Kind?

——— *Überlegt kurz und tauscht euch dann darüber aus.*

# FÜR SICH

Hast du einen Lieblingsaufstrich oder -dip? Backe oder kaufe ein leckeres Brot und genieße es zusammen mit dem Aufstrich/Dip. Während des Essens kannst du über die oben genannten Fragen nachdenken.

——— *Schreibe dir dazu, wenn du magst, ein paar kurze Gedanken auf.*

# FRAGEN ZUM EINLEITENDEN TEXT

- Aus welchem kirchlichen Hintergrund kommst du? Wie verstehst du den „Leib Christi“ beim Abendmahl? Ist das dabei verwendete Brot symbolisch oder tatsächlich Christi Leib?
- Wie wird in deiner Gemeinde Abendmahl gefeiert? Wird es überhaupt gefeiert? Wie gefällt dir diese Art, es zu feiern?
- Erlebst du das Abendmahl als einen Weg, Gott zu begegnen? Oder ist es für dich einfach ein Ritual, das du mitmachst?

*Schreibe dir dazu, wenn du das Buch alleine liest, ein paar kurze Gedanken auf. Bei einem Treffen in der Gruppe tauscht euch darüber aus.*

# GOTTES GEDANKEN LAUSCHEN

*Lest gemeinsam folgende Bibelstelle:*

**In der Nacht, als er verraten wurde, nahm Jesus, der Herr, einen Laib Brot, und nachdem er Dank gesagt hatte, brach er ihn und sprach: „Das ist mein Leib; euch ist er zugedacht. Tut das zur Erinnerung an mich.“ Ebenso nahm er nach dem Abendmahl den Weinkelch und sprach: „Dieser Kelch ist der neue Bund zwischen Gott und euch, besiegelt durch mein Blut. Wann immer ihr daraus trinkt, tut es zur Erinnerung an mich.“ Denn jedes Mal, wenn ihr dieses Brot esst und aus diesem Kelch trinkt, verkündet ihr den Tod des Herrn, bis er wiederkommt. Wer also unwürdig dieses Brot isst oder aus diesem Kelch des Herrn trinkt, der macht sich am Leib und am Blut des Herrn schuldig. Deshalb solltet ihr euch prüfen, bevor ihr das Brot esst und aus dem Kelch trinkt.**

*1. Korinther 11,23b-28*

# FRAGEN ZUM BIBELTEXT

## ZUM AUSTAUSCH UND ZUR PERSÖNLICHEN REFLEXION

- Bereitest du dich innerlich auf das Abendmahl vor?
- Hast du die Teilnahme am Abendmahl schon einmal „ausgesetzt“, weil du zum Beispiel noch mit jemanden Streit hattest und das vorher klären wolltest?
- Wie wichtig ist dir das Abendmahl?
- Wie kannst du dich auf das nächste Abendmahl in deiner Gemeinde innerlich vorbereiten? Was brauchst du, um diese besondere Zeit mit Jesus genießen zu können?
- Gibt es jemanden, mit dem du gerade Streit hast oder mit dem du ein klärendes Gespräch führen solltest?

# JETZT WIRD ES PRAKTISCH

## GEMEINSAM BEIM TREFFEN: BROTBRECHEN WIE IN DER URGEMEINDE

Die ersten Gemeinden trafen sich in privaten Häusern. Dort aßen sie zusammen und erinnerten sich gegenseitig daran, was Jesus am Kreuz für sie getan hatte. Die folgende Übung greift diese Idee auf:

Ihr startet gemeinsam mit den Versen 23 und 24 aus 1. Korinther 11. Die Gastgeberin oder eine andere von euch bricht das Brot und gibt es an ihre Nebenfrau weiter zum Beispiel mit den Worten: „Jesus ist für dich gestorben." Die Angesprochene nimmt sich ein Stück Brot und reicht den Teller an die nächste Frau aus der Gruppe weiter. So geht es reihum, bis alle dran waren. Danach wird gemeinsam zu Abend gegessen.

Nach dem Abendessen liest die Gastgeberin den Vers 25 aus dem Text vor, nimmt ein Glas mit Wein oder Traubensaft und reicht es, wie vorher das Brot, weiter. Diesmal mit den Worten: „Jesus hat für dich sein Leben gegeben."

Wenn das Glas wieder bei ihr angekommen ist und sie ebenfalls daraus getrunken hat, schließt sie mit Vers 26 das gemeinsame Abendmahl ab.

*Schließt den Abend mit einem einzelnen oder gemeinsamen Gebet ab.*

## FÜR SICH IN DER KOMMENDEN WOCHE: SEGENSGESPRÄCH MIT JESUS

Lies vor einem Essen, das du alleine einnimmst, die Verse 23 und 24 aus 1. Korinther 11. Danach danke Jesus, dass er sein Leben für dich gegeben hat, und iss ein Stück Brot. Nach dem Essen lies Vers 25, trink einen Schluck Wein oder Traubensaft und danke Jesus, dass er dir sein Versprechen gegeben hat, für immer mit dir zusammen zu sein. Lies abschließend Vers 26.

*Schließe dein Essen mit einem Gebet ab.*

# **PLATZ** *für*
# *Gedanken, Fragen und Gebete*

**TIPP**
Ihr könnt das Ofenzupfbrot zusätzlich zum Mitbring-Abendessen anbieten.

## OFENZUPFBROT

### ZUTATEN

1 Laib Brot (z. B. Weizen- oder Kartoffelbrot), am besten eine runde oder ovale Form
225 g Butter oder Margarine
1 kleines Glas grünes Pesto
200 g geriebener Emmentaler oder sonstiger Käse, der gut schmilzt
125 g Mozzarella, in kleine Stücke gezupft

### ZUBEREITUNG

Brot im Schachbrettmuster tief einschneiden, der Boden muss jedoch intakt bleiben. Die Abstände zwischen den Schnitten so setzen, dass mundgerechte Stücke entstehen, also ca. 2 Zentimeter. Brot auf Alufolie legen und Ofen auf 190 Grad Umluft vorheizen. Geschmolzene Butter oder Margarine in den Schnitten verteilen. Schnitten innen mit Pesto bestreichen. Den geschnittenen und gezupften Käse in den Zwischenräumen verteilen und das Brot in Folie einwickeln. Für 15 Minuten auf der mittleren Schiene backen. Dann die Folie vorsichtig öffnen und für weitere 5–10 Minuten backen, bis Käse und Brot so knusperig sind, wie man es möchte. Sofort servieren und Stücke mit den Fingern oder einer Gabel herauszupfen. Variationen: Je nach Geschmack können auch z. B. getrocknete Tomaten, Olivenscheiben, Schinken oder Frühlingszwiebeln in das Brot gesteckt werden.

**Christine Kernstock** lebt mit ihrem Mann in Waiblingen, arbeitet hauptberuflich ehrenamtlich für ihre Gemeinde und bloggt unter **www.nurheute.net.**

# GOTT
# BEGEGNEN

—

*in der Natur*

# NATUR – WEITE FÜR DIE SEELE

*Von Christina Schöffler*

Den ganzen Vormittag sitze ich nun schon in unserem Wohnzimmer, um Worte für einen Artikel in meinen Computer zu tippen. Zwischendurch beantworte ich ein paar dringende Mails und ignoriere die zunehmende Verspannung in meinem Rücken. Der Versuch, noch schnell ein paar Fotos zu bearbeiten, scheitert, weil das Programm unfassbar lange zum Speichern braucht. Frustriert schalte ich den Bildschirm ab.

Mein Blick fällt auf die blühenden Baumwipfel vor meinem Fenster. Heute Morgen war der Himmel noch ganz grau, aber der aufkommende Wind hat die Karten neu gemischt, und nun jagt er helle Wolken über den blauen Himmel. Die Zweige schwingen hin und her und es ist, als würden sie mir zuwinken, nach draußen zu kommen. Ich schaue auf die Uhr. Für eine kleine Runde dürfte es noch reichen, bevor es Zeit zum Kochen ist. Kurzerhand greife ich zu Jacke und Schlüssel, stecke das Handy ein und nehme es dann doch wieder aus der Tasche. Wann bin ich dem Wahn verfallen, immer erreichbar sein zu müssen?

## AUF DEM WEG RICHTUNG FELDER

*Hier draußen, in dieser spürbaren Wirklichkeit, wird mir die Gegenwart meines Schöpfers bewusster.*

Ich spurte die Treppe hinunter und kurz danach bin ich auch schon auf dem Weg Richtung Felder. Meine Schritte verlangsamen sich. Ich atme tief ein. Sobald ich an der frischen Luft bin, weitet sich meine Seele. Es ist ein bisschen so, als würde man einen Fisch zurück ins Wasser werfen: Er hört auf, nach Luft zu schnappen, weil er sich an das Element erinnert, für das er gemacht wurde. Hier draußen erinnere ich mich daran, dass wir nicht dazu geschaffen sind, in dunklen Räumen zu sitzen und auf flimmernde Bildschirme zu starren. Ich rieche an den ersten Blütenknospen, die sich geöffnet haben, streiche über feine Grashalme und freue mich am Gluckern des kleinen Bachs neben dem Weg. Über mir gleitet ein Greifvogel majestätisch am Himmel. Gott, wie schön hast du das alles gemacht! Ich kann nicht anders. Während ich einen Schritt vor den anderen setze, fängt es in mir zu beten an. Leise und leicht. Hier draußen, in dieser spürbaren Wirklichkeit, wird mir die Gegenwart meines Schöpfers bewusster. Wir gehen zusammen spazieren; mein Freund und ich. Fast wage ich nicht, diese Worte zu schreiben. Sie klingen so banal. So kindlich. Und auch etwas größenwahnsinnig. Und doch. Genau so erlebe ich es.

## GOTTES GEGENWART GENIESSEN

Wir gehen nebeneinanderher und ich genieße seine Gegenwart. Er ist da. Und ich bin auch da. Mehr braucht es nicht. Wenn ich innerlich aufgewühlt bin, schütte ich Gott während des Gehens mein Herz aus. Ab und zu kommt es vor, dass er in meine Gedanken flüstert oder durch seine Schöpfung redet: durch einen abgeknickten Grashalm. Den ruhenden Ackerboden. Ein kleines Pflänzchen, das durch den Asphalt wächst. Es kann passieren, dass sich diese Dinge mit einem bestimmten Ereignis verbinden, das mich gerade beschäftigt, mit einem Bibelwort oder einer plötzlichen Erkenntnis. Am allermeisten aber sagt er mir einfach nur, dass er mich lieb hat – ach, er sagt uns das so gerne! –, und der Wind streicht mir dabei sanft über den Kopf.

## SEIN GESCHENK AN UNS

Wir alle haben Bilder, die wir mit Gott verbinden. Ich stelle mir vor, dass das menschliche Angesicht Gottes wind- und wettergegerbt ist, und voller Lachfältchen. Seine Hände sind voll tiefer Furchen und Erde unter den Fingernägeln. Ich glaube, Gott liebt diese Erde, auf die er uns gesetzt hat, so zerbrochen sie sich auch außerhalb Edens anfühlen mag. Sie ist sein Geschenk an uns. Seiner Hände Werk! Und alles, was lebt und wächst und rauscht und sich dem Himmel entgegenstreckt, ist auch getränkt von der Güte des Herrn (Psalm 119,64) und offenbart etwas von seiner wilden Schönheit und seinem fantasievollen, großzügigen Wesen.

Ich komme von meiner kleine Runde zurück und lege den wilden Schnittlauch, den ich auf dem Weg gesammelt habe, auf das Schneidebrett in der Küche. Im Radio singt Stevie Wonder ein Liebeslied. Ich summe mit, meine Lungen noch gefüllt mit der frischen Luft. „You are the sunshine of my life …" Ich lächle dem Gott zu, den ich liebe.

„Ich stelle mir vor, dass das menschliche Angesicht Gottes wind- und wettergegerbt ist, und voller Lachfältchen.“

# START IN DEN ABEND

Welche Erfahrungen hast du mit der praktischen Übung von letzter Woche gemacht? War das ein Zugangsweg, der dir geholfen hat, Gott zu begegnen?

——— *Schreibe dir dazu, wenn du das Buch alleine liest, ein paar kurze Gedanken auf. Bei einem Treffen in der Gruppe tauscht euch über die Erfahrungen der Vorwoche aus.*

# ZUM EINSTIEG

Hast du einen Lieblingsplatz in der Natur, den du immer wieder gerne aufsuchst? Was gefällt dir besonders daran? Was bewirkt dieser Ort in dir? Vielleicht mag ja die eine oder andere von euch zu diesem Abend ein Foto mitbringen und den anderen ihren Lieblingsort zeigen oder ihn einfach nur mit ein paar Sätzen beschreiben.

——— *Überlegt kurz und tauscht euch dann darüber aus.*

# FÜR SICH

Schau dir einige Bilder von deinen Lieblingsplätzen an und denke über die oben genannten Fragen nach.

——— *Schreibe dir dazu, wenn du magst, ein paar kurze Gedanken auf.*

# FRAGEN ZUM EINLEITENDEN TEXT

- Einen Spaziergang mit Jesus machen – kennst du das? Wenn ja: Wie erlebst du das?
- Im einleitenden Text steht, dass die Natur das Element ist, für das wir geschaffen wurden. Der Ort, an dem unsere Seele sich weitet. Kannst du das bestätigen?
- Ist die Natur ein Zugangsweg zu Gott, den wir in gewissen Lebensphasen verstärkt suchen, oder ist es eher Typsache?
- Gott spricht durch seine Schöpfung. Im Text sind Beispiele vom abgeknickten Grashalm, einem ruhenden Ackerboden und einer Blume, die sich durch den Asphalt kämpft. Hast du das schon einmal erlebt, dass Gott durch solche Bilder in der Natur zu dir redet?
- Ein Gott, der dich auf einen Spaziergang einlädt, der gerne mit dir unterwegs ist und dir ganz oft einfach sagen will, dass er dich lieb hat. Wie klingt das in deinen Ohren? Was wehrt sich da in dir? Kannst du das vielleicht zu einem Gebet machen?
- Was beruhigt deine Seele, wenn du angetrieben und frustriert bist?
- Hilft es dir, nach draußen zu gehen? Oft ist es ein kurzer Entscheidungsmoment zwischen Sofa und Abendspaziergang. Was könnte dir dabei helfen, dich öfters dem Element auszusetzen, in dem sich unsere Seele weitet?
- Welche Naturlandschaft entspricht im Moment deiner Seelenlandschaft?
- Vielleicht kannst du dir in der Stille das Bild einer Landschaft von Gott zeigen lassen. Und dann kannst du ihn fragen: Wie willst du mir in dieser Landschaft begegnen?

*Schreibe dir dazu, wenn du das Buch alleine liest, ein paar kurze Gedanken auf. Bei einem Treffen in der Gruppe tauscht euch darüber aus.*

# GOTTES GEDANKEN LAUSCHEN

*Lest gemeinsam eines der folgenden Gleichnisse. Sie sind hier in Auszügen abgedruckt, lest den ganzen Text in eurer Bibel nach.*

**Ein Bauer ging aufs Feld, um zu säen. Als er die Saat über das Feld ausstreute, fielen einige Körner auf einen Weg, und die Vögel kamen und pickten sie auf. Andere Körner fielen auf eine dünne Erdschicht mit felsigem Untergrund. Die Saat ging schnell auf, aber schon bald vertrockneten die Pflänzchen unter der heißen Sonne, weil die Wurzeln in der dünnen Erdschicht keine Nahrung fanden. Andere Samenkörner fielen in die Dornen, die schnell wuchsen und die zarten Pflänzchen erstickten. Einige Samen aber fielen auf fruchtbaren Boden, und der Bauer erntete dreißig, sechzig, ja hundert Mal so viel, wie er gesät hatte.**

*Matthäus 13,1-8*

**Jesus benutzte noch ein anderes Gleichnis: „Das Himmelreich ist wie ein Senfkorn, das auf ein Feld gesät wird. Es ist das kleinste von allen Samenkörnern, aber es wächst zur größten Pflanze heran und wird so groß wie ein Baum, sodass die Vögel in seinen Ästen Schutz finden."**

*Matthäus 13,31-32*

**Darauf wandte Jesus sich wieder an seine Jünger: „Deshalb sage ich euch: Sorgt euch nicht um Alltägliches – ob ihr genug zu essen oder anzuziehen habt, denn das Leben besteht aus weit mehr als Nahrung und Kleidung. Seht die Raben an. Sie brauchen nicht zu säen, zu ernten oder Vorratsscheunen zu bauen, denn Gott ernährt sie. Und ihr seid ihm doch weit wichtiger als irgendwelche Vögel!"**

*Lukas 12,22-31*

# FRAGEN ZUM BIBELTEXT

## ZUM AUSTAUSCH UND ZUR PERSÖNLICHEN REFLEXION

Jesus hat immer wieder auf die Natur gezeigt, um den Menschen etwas über Gottes ewiges Reich zu erklären. Man kann sich vorstellen, wie Jesus mit seinen Jüngern über die Felder lief, ein Samenkorn vom Boden aufhob, auf einen Baum oder einen Vogel hinwies und die vergängliche, sichtbare Welt mit Prinzipien seines ewigen, unsichtbaren Reiches verknüpft hat. Wählt ein Gleichnis von den oben genannten Bibelstellen aus und überlegt:

- Was sagt Jesus hier über Gottes Reich?
- Wo hat dieses Gleichnis vielleicht gerade Relevanz in deinem Leben?

# JETZT WIRD ES PRAKTISCH

## GEMEINSAM BEIM TREFFEN: GANZ IM HIER UND JETZT

An dieser Stelle ist es unvermeidlich, ein bisschen Natur zu schnuppern. Falls ihr nicht sowieso schon im Garten sitzt (was für diesen Abend gut passen würde): Öffnet die Fenster weit, geht kurz auf den Balkon oder vors Haus – was am besten für euch passt. Dann lasst euch von der Person, die diesen Abend vorbereitet hat, langsam durch die folgende Übung führen (Dauer: ein paar Minuten).

Schließe die Augen. Atme ruhig ein und aus. Gott hat seinen Lebensatem in dich gehaucht. Dein Schöpfer hat diese Welt für dich gemacht. Hier hast du deinen Platz. Hier darfst du sein.

Nimm wahr, was dich umgibt: Was hörst du?

Wie riecht die Luft?

Wenn du die Augen langsam wieder öffnest: Was siehst du?

Hört. Riecht und seht: Das ist die Welt. Für uns gemacht. Die Welt, in der uns Gott begegnet.

C. S. Lewis schreibt: „Wir können Gottes Gegenwart ignorieren, niemals aber ihr entgehen. Die Welt ist voll von ihm. ... Die wahre Anstrengung ist die, gegenwärtig zu sein. Oder eher noch: zu erwachen. Oder vielmehr: wach zu bleiben."[2]

——— *Wenn ihr wollt, könnt ihr den Abend mit folgendem Gebet abschließen.*

*Danke, Gott, für diese Welt.*

*Hilf uns, gegenwärtig zu sein,*
*um deine Gegenwart wahrzunehmen.*

*Amen.*

## FÜR SICH IN DER KOMMENDEN WOCHE: SPAZIERGANG MIT JESUS

Mach einen kleinen Spaziergang mit Jesus. Nimm dir am besten ausreichend Zeit dafür – zum Hinschauen, Spüren, Fühlen, Hören. Hier sind keine Hektik und Unruhe. Hier darfst du einfach sein. Wenn du magst, bitte Gott, dir auf dem Weg etwas zu zeigen, was deine momentane Lebenssituation ausdrückt oder wodurch er dich ermutigen möchte. Falls es kein Baum ist, nimm es als kleines Souvenir mit und lege es dir als Erinnerung an den gemeinsamen Ausflug auf dein Fensterbrett.

Wer mag, kann es auch zum nächsten Treffen mitbringen.

——— *Beende deinen kleinen Spaziergang mit einem Gebet.*

# PLATZ *für*
## *Gedanken, Fragen und Gebete*

## SCHAFSKÄSETASCHEN

### ZUTATEN

Blätterteigrolle für salziges Gebäck (eine Rolle ergibt normalerweise 6 Stück)
1 Packung Schafskäse
1 Packung Tomatensoße
Salz, Pfeffer (nach Geschmack Oregano oder Paprika oder gesammelte Wildkräuter)
1 Eigelb zum Bestreichen

### ZUBEREITUNG

Blätterteig aufrollen und in sechs gleichmäßige Rechtecke schneiden. In die Mitte der Rechtecke jeweils einen Esslöffel Tomatensoße geben. Dann einen Esslöffel klein geschnittenen Schafskäse auf die Soße geben. Mit Salz und Pfeffer – und nach Belieben noch mit Paprika, Oregano oder frischen Kräutern – würzen. Das Rechteck zu einem Dreieck zusammenklappen. An den zwei offenen Seiten mit einer Gabel andrücken. Die Teile auf ein Backblech geben und mit Eigelb bestreichen.
Im vorgeheizten Ofen bei 180 Grad Ober-/Unterhitze ca. 20 Minuten ausbacken, bis der Blätterteig sich leicht dunkel färbt.
Schmeckt warm und kalt. Guten Appetit!

**Christina Schöffler** wohnt mit ihrer Familie in Backnang. Ihre Liebessprache ist Essen und ihre Lieblingsbeschäftigung ist das Schreiben, z. B. auf ihrem Blog **www.denspatzinderhand.blogspot.com.**

# GOTT BEGEGNEN

—

*in der Herausforderung*

# HERAUSFORDERUNG – GOTT NEU VERTRAUEN

*Von Debora Kuder*

Mich fragte mal eine frühere Arbeitskollegin: „Was ist eigentlich dein Glaube wert, wenn du dich in Momenten wie diesen nicht auf ihn verlassen kannst?" Wir hatten jahrelang zusammengearbeitet und beide immer mal mit dem Gedanken gespielt, etwas anderes zu machen. Sie selbst hatte dann vor mir den Mut gehabt zu kündigen. Ohne neuen Job, ohne klare Vision, als Alleinerziehende. Ein Befreiungsschlag für sie, der für viele andere nicht ganz nachvollziehbar war.

Anderthalb Jahre später war ich selbst auch an dem Punkt – nur dass ich meine Entscheidung nicht so mutig und selbstbestimmt getroffen hatte wie sie. Andere Kollegen hatten vor mir gekündigt. Ich stand mit dem Rücken zur Wand und wusste, dass ich so nicht weitermachen wollte und konnte. Gern hätte ich erst mit einer festen

Jobzusage gekündigt. Klassisches Sicherheitsdenken, von dem ich immer dachte, dass ich meilenweit davon entfernt wäre. Rückblickend wundere ich mich über die Zukunftsängste, die mich damals so fest im Griff hatten. Die Sorge, nicht schnell genug etwas Neues zu finden, das in meine Gesamtsituation passte. Es fiel mir schwer, Liebgewonnenes und Gewohntes loszulassen und mich auf Veränderung und Ungewissheit einzulassen, obwohl schon so vieles abgebröckelt war. Ich brauchte wohl erst einen Tritt in den Hintern, bevor ich mein gewohntes Terrain freiwillig verließ. In dieser Situation fiel jener Satz.

Wieso fällt mir das Loslassen und das Einlassen auf eine unbekannte Zukunft nicht leichter, wenn ich doch Jesus an meiner Seite habe? Jesus rief seine Jünger zu radikaler Nachfolge auf: Zum Zurücklassen von Habseligkeiten, dem gewohnten Umfeld und beruflicher Routine. Warum hatte ich dann Angst davor, zu kündigen und mich darauf zu verlassen, dass Gott mich versorgen würde?

## SICHERHEITEN AUFGEBEN

*Ich glaube aber, dass es genau das ist, was Gott sich von uns wünscht: Schritte auf ihn zu, im Glauben, dass er uns führt und bei uns ist.*

Zehn Jahre vor dieser Erfahrung hatte ich mich im Rahmen unserer Gemeindegründung mit dem Thema Liminalität beschäftigt: Grenzerfahrungen, gefährliche Reisen an unbekannte Orte, die einen dazu zwingen, Sicherheiten aufzugeben. Im Kontext der Gemeinde hatte ich erlebt, wie uns Krisen als Gemeinschaft zusammenschweißten und unser Vertrauen auf Gott neu ausrichteten. In meinem eigenen Leben wollte ich dieses Wissen aber lieber als Theorie im Hinterkopf behalten, statt die Krisen zu durchleben. „There is no testimony without a test", heißt es im Englischen – „Man kann nicht über Herausforderungen berichten, ohne sie selbst erlebt zu haben". Mir ist schon klar, dass ich kein Zeugnis geben kann und nicht im Glauben reifen kann, wenn ich nie durch schwierige Zeiten gegangen bin. Nur habe ich auf diese Prüfungen meistens wenig Lust.

„Es ist eigentlich merkwürdig, dass es für uns, die wir Jesus nachfolgen, so schwierig ist, unsere Komfortzonen zu verlassen. Jesu Leben und seine Berufung sind sehr klar in Bezug darauf, Sicherheit und Gefahrlosigkeit für das Königreich Gottes hinter uns zu lassen“, sagte die ehemalige Heilsarmee-Offizierin Danielle Strickland einmal in einem Interview für die Zeitschrift JOYCE zu mir. „Wir müssen wieder neu ergriffen werden von dem wunderbaren, abenteuerlichen und aufregenden Reich Gottes, das kommt, und dem König, der uns mit Liebe führt. Und dann fühlen sich auch die Risiken, die er uns bittet einzugehen, nicht nach großen Risiken an, sondern mehr wie Einladungen.“[3]

## EIN SCHRITT INS UNGEWISSE

Im Film „Indiana Jones und der letzte Kreuzzug“ steht der Protagonist kurz davor, den Heiligen Gral zu finden. Davor muss er aber noch eine Felsschlucht überwinden, und zwar mit einem Schritt ins Leere. Erst mit dem Fuß in der Luft sieht er eine bis dahin unsichtbare Brücke. Glaubenssprung – Leap of faith – wird dieser Schritt ins Ungewisse genannt: eine Handlung, die man ausführt, ohne zu wissen, wie die Sache ausgeht. Nicht immer tut sich dabei ein Sicherheitsnetz unter uns auf. Ich glaube aber, dass es genau das ist, was Gott sich von uns wünscht: Schritte auf ihn zu, im Glauben, dass er uns führt und bei uns ist. Auch an den dunklen Orten voller Zweifel und Ungewissheiten. Wenn ich an mein bisheriges Glaubensleben denke, erkenne ich, dass ich immer dann im Glauben gewachsen und Gott begegnet bin, wenn ich ebenjene Schritte gegangen bin.

„Komm“, sagt Jesus zu Petrus, als dieser ihm während des Sturms auf dem See Genezareth den absurden Vorschlag macht, ihm zu befehlen, auch auf dem See zu laufen. Als Kind ist mir von der Geschichte in Matthäus 14 vor allem die Anrede „Du Kleingläubiger“ hängen geblieben. Heute sehe ich eine ausgestreckte Hand. „Komm!“, sagt Jesus, „dein Kleinglaube ist genug für mich. Ich lasse mich auch auf bescheuerte Ideen ein. Lass uns gemeinsam ein wildes Abenteuer erleben.“

„
‚Komm!‘,
sagt Jesus.
‚Lass uns
gemeinsam
ein wildes
Abenteuer
erleben.‘
“

# START IN DEN ABEND

Welche Erfahrungen hast du mit der praktischen Übung von letzter Woche gemacht? War das ein Zugangsweg, der dir geholfen hat, Gott zu begegnen?

——————— *Schreibe dir dazu, wenn du das Buch alleine liest, ein paar kurze Gedanken auf. Bei einem Treffen in der Gruppe tauscht euch über die Erfahrungen der Vorwoche aus.*

# ZUM EINSTIEG

Was war die verrückteste Aktion, die du in letzter Zeit (oder jemals) unternommen hast? Wie hast du es geschafft, dich zu überwinden?

——————— *Schreibe dir dazu, wenn du das Buch alleine liest, ein paar kurze Gedanken auf. Bei einem Treffen in der Gruppe überlegt kurz und tauscht euch darüber aus.*

# FRAGEN ZUM EINLEITENDEN TEXT

- Welche Personen aus der Bibel, deinem persönlichen Umfeld oder aus Filmen oder Büchern fallen dir ein, die Schritte ins Ungewisse gewagt haben?
- Und welche, die genau das nicht getan haben, sondern in ihrer Komfortzone geblieben sind?
- In welchem Bereich deines Lebens stehst du am meisten in der Gefahr, sitzen oder stehen zu bleiben?
- Denk zurück an die herausfordernden Entscheidungen oder Situationen in deinem Leben: Was hat dir geholfen? Was hat dich zurückgehalten?
- Was hat Versagensangst damit zu tun oder die Angst davor, was andere von dir denken könnten?
- Welche Rolle spielt dabei dein Gottesbild?

*Schreibe dir dazu, wenn du das Buch alleine liest, ein paar kurze Gedanken auf. Bei einem Treffen in der Gruppe tauscht euch darüber aus.*

# GOTTES GEDANKEN LAUSCHEN

*Lest gemeinsam folgende Bibelstelle:*

**Sofort danach schickte Jesus seine Jünger zum Boot zurück und befahl ihnen, ans andere Ufer überzusetzen, während er die Menschen nach Hause entließ. Dann stieg er allein in die Berge hinauf, um dort zu beten. Als es dunkel wurde, war er immer noch allein dort oben. Währenddessen hatte sich das Boot weit vom Ufer entfernt und war in schweren Seegang geraten, denn ein starker Wind war aufgekommen. Gegen drei Uhr morgens kam Jesus über das Wasser zu ihnen. Als ihn die Jünger sahen, schrien sie entsetzt auf, denn sie hielten ihn**

**für einen Geist. Doch Jesus sprach sie sogleich an: „Es ist gut", sagte er. „Ich bin es! Habt keine Angst." Da rief Petrus ihm zu: „Herr, wenn du es wirklich bist, befiehl mir, auf dem Wasser zu dir zu kommen." „Dann komm", sagte Jesus. Und Petrus stieg aus dem Boot und ging über das Wasser, Jesus entgegen. Als er sich aber umsah und die hohen Wellen erblickte, bekam er Angst und begann zu versinken. „Herr, rette mich!", schrie er. Sofort streckte Jesus ihm die Hand hin und hielt ihn fest. „Du hast nicht viel Glauben", sagte Jesus. „Warum hast du gezweifelt?" Als sie schließlich zurück ins Boot stiegen, legte sich der Wind. Da beteten ihn die Jünger an. „Du bist wirklich der Sohn Gottes!", riefen sie.**

*Matthäus 14,22-33*

# FRAGEN ZUM BIBELTEXT

## ZUM AUSTAUSCH UND ZUR PERSÖNLICHEN REFLEXION

- Was glaubst du, warum Jesus die Jünger in der Dunkelheit erst mal sich selbst überlässt?
- Welche Erfahrungen hast du selbst gemacht, die dich an deine Grenzen gebracht haben?
- An welcher Stelle lädt Jesus dich dazu ein, aus deinem Boot zu steigen bzw. deine Komfortzone zu verlassen? Was hält dich davon ab?
- Inwiefern hast du schon einmal erlebt, dass deine Glaubensschritte anderen eine Gelegenheit geboten haben, Gott zu erleben?
- Was ist dein Boot? Wo halten dich Sicherheitsdenken oder Bequemlichkeit davon ab, deine Komfortzone zu verlassen?
- Welche Umstände, die wie die hohen Wellen aus dem Bibeltext sind, kennst du aus deinem Leben, die deinen Blick von Jesus weglenken und dir Angst machen?

- An welche Situation in deinem Leben kannst du dich erinnern, in der du dich deiner Angst gestellt und sie überwunden hast? Was hat dir dabei geholfen?
- Jesus sagt: „Komm!" Welche konkreten Schritte könntest du auf ihn zugehen?

# JETZT WIRD ES PRAKTISCH

## GEMEINSAM BEIM TREFFEN: GEMEINSCHAFTSMUT

Nun geht es um eure Gemeinschaft: die Gemeinde, in der ihr seid, euren Hauskreis oder die Gruppe, in der ihr für eure Treffen zusammenkommt. Überlegt gemeinsam, wie Gott eure Gemeinschaft durch mehr Mut, Risikobereitschaft und Glaubensschritte verändern möchte. Dazu könnt ihr inspirierende Worte auf Klebezettel schreiben und sie auf einer Wand zusammenstellen. Oder überlegt euch eine Aktion, die ihr gemeinsam in diese Richtung unternehmen könnt. Betet für den Mut, diese in die Tat umzusetzen, und segnet euch gegenseitig.

——— *Schließt den Abend mit einem einzelnen oder gemeinsamen Gebet ab.*

## FÜR SICH IN DER KOMMENDEN WOCHE: MUTIGER SCHRITT

In welchen Bereichen deines Lebens wärst du gern mutiger? Überlege dir einen konkreten Schritt, den du in der nächsten Woche in deinem Alltag gehen möchtest. Zum Beispiel im Gespräch mit Kollegen oder Freunden oder in deiner derzeitigen Jobsituation, deiner Beziehung ...

——— *Notiere dir diesen Schritt und bete dafür, dass Gott dir Gelegenheiten und Mut zur Umsetzung schenkt. Notiere dir auch die Veränderungen, die du erlebst.*

# PLATZ *für*
## *Gedanken, Fragen und Gebete*

**TIPP:**
Alle Einzelzutaten gleich in kleine Schüsseln geben.

## SOMMERROLLEN

### ZUTATEN

Reispapier (für jede Person etwa 2–3 Stück)

**... für die Füllung**

Hähnchenbrustschnitzel, angebraten und in Streifen geschnitten
Riesengarnelen, gekocht oder gebraten
Glasnudeln, nach Packungsangabe gekocht oder eingeweicht
Karotte, Gurke, Eisberg- oder Romanasalat,
Avocado (mit etwas Zitronen- oder Limettensaft beträufelt),
Mango – alles in feine Streifen geschnitten
Koriander und frische Minze, abgezupft

**... für den Dip**

Erdnussbutter und Hoisin-Soße zu gleichen Teilen
gehackter Knoblauch
geröstetes Sesamöl
Kokosmilch, Reisessig oder Sriracha-Soße bei Bedarf

### ZUBEREITUNG

Die Zutaten für den Dip verrühren und bei niedriger Hitze in einem Topf erhitzen. Je nach gewünschter Konsistenz etwas Wasser hinzugeben. Der Geschmack kann mit etwas Kokosmilch, Reisessig oder Sriracha-Soße angepasst werden. Nun eine Schüssel mit lauwarmem Wasser bereitstellen, in die das Reispapier getaucht werden kann. Reispapierblatt 5 Sekunden untertauchen, dann auf einem Brett oder auf Tellern ausbreiten und füllen: Glasnudeln (wer mag) in die Mitte legen, darauf je ein bisschen von den anderen Zutaten darauflegen. Dann die Seiten einklappen, sodass die Füllung eingeschlossen ist. Danach die untere Reispapierhälfte über die Füllung legen und festdrücken – ähnlich wie bei einem Wrap – nur, dass das Reispapier von selbst klebt. Mit dem Dip zusammen servieren.

**Debora Kuder** arbeitet als freie Journalistin und lebt mit ihrer Familie in München.

# GOTT BEGEGNEN

—

*im Lobpreis*

# LOBPREIS – MUSIK, DIE DIE SEELE BERÜHRT

*Von Priska Lachmann*

Montagabend. Ich habe einen langen Studientag an der Uni hinter mir. Meine Tochter schläft schon. Ich bin erschöpft und etwas mutlos. Mein Leben hat sich in den vergangenen Monaten um 180 Grad gedreht. Nein, ich bin keine angehende Pastorin mehr. Ich bin wieder Theologiestudentin, weil mir nichts anderes in der Schnelle einfiel, als mich noch mal einzuschreiben, um noch mal Griechisch und Hebräisch zu lernen und um meine Biografie nicht komplett zu zerstören.

Ja, ich fühle mich wohl in der Landeskirche, auch wenn ich meinen charismatischen, freikirchlichen Hintergrund niemals ganz ablegen werden kann. Ja, ich bin auch glücklich und dankbar. Aber gleichzeitig ist in mir so viel Trauer und Schmerz.

Wie eine Blockade hat sich dieser Schmerz zu einer starken Mauer um mein Herz gewunden. Wenn ich diesen Schmerz zulasse, habe ich das Gefühl, nicht mehr atmen zu können. Ich fühle mich, als hätte ich alles verloren, wie ein großer Versager stehe ich vor einem Trümmerhaufen namens „Mein Leben", auch wenn es von außen betrachtet ganz anders aussieht.

## EIN WUNDERBARES LIED

Mein Handy klingelt. Ich nehme es in die Hand und öffne ein Video, das mir mein Freund David geschickt hat. Es ist ein Videoclip zu einem Song von Gungor. Michael und Lisa Gungor sind ein Ehepaar und Musiker und haben 2010 den wunderbaren Song „Beautiful Things" herausgebracht. Und genau dieses Lied halte ich in meinen Händen. Unter anderem singen sie Folgendes:

> *All this pain · I wonder if I'll ever find my way · I wonder if my life could really change, at all · All this earth · Could all that is lost ever be found?*
> *Could a garden come out from this ground, at all?*
> *All around · Hope is springing up from this old ground*
> *Out of chaos life is being found, in you*
> *You make beautiful things*
> *You make beautiful things out of the dust · You make me new*
> *You are making me new*

Übersetzt heißt das so viel wie: „All dieser Schmerz, werde ich jemals meinen Weg finden, wird sich mein Leben wirklich komplett ändern können? Kann alles, was verloren ist, wirklich gefunden werden, und könnte ein Garten auf diesem Grund und Boden überhaupt wachsen? Überall entspringt Hoffnung aus dem alten Boden, aus dem Chaos heraus wird wieder Leben in dir gefunden. Du schaffst wundervolle Dinge, wundervolle Dinge aus dem Staub, du machst mich neu."

## VIEL MEHR ALS WORTE

Dieses Lied schaffte, was niemand und kein Wort jemals schaffen konnte. Es berührte mich in meiner Seele. Es wurde mein tägliches Gebet, mein Sehnsuchtsschrei und

Hilfeschrei. Es wurde ein Versprechen, eine Offenbarung und eine Zusage. Es wurde mein Licht am Horizont, mein Kerzenschein in der tiefen Dunkelheit und meine persönliche Gnadenzusage in der Wüstenzeit.

*Dieses Lied schaffte, was niemand und kein Wort jemals schaffen konnte. Es berührte mich in meiner Seele.*

Nicht umsonst haben schon ABBA damals „Thank you for the music" gesungen. Musik ist alles, Musik berührt unsere Seele, sie kann uns fröhlich machen und Adrenalin ausschütten. Sie kann uns aber auch nachdenklich, traurig und vielleicht auch etwas melancholisch stimmen. Musik beeinflusst unsere Gefühle, sie gibt mir auch Inspiration und läuft gerade im Hintergrund, während ich dieses Kapitel schreibe. Musik kann Stresshormone verringern und die Konzentration erhöhen. Musik verändert wissenschaftlich gesehen den Herzschlag, den Blutdruck, die Atemfrequenz und die Muskelspannung des Menschen.

## EIGENER ZUGANG ZU GOTT

Jeder Mensch mit seiner unterschiedlichen Persönlichkeit hat einen ganz eigenen Zugang zu Gott. Meiner ist der über die Musik. Wenn ich keine Worte mehr habe, wenn ich müde bin, erschöpft oder auch sehr glücklich, dann holt mich Musik immer ab. Inzwischen weiß ich, dass mich auch alte Hymnen in einem klassischen, liturgischen landeskirchlichen Gottesdienst bewegen. Ich kann spüren, wie der Geist Gottes durch die alten Kirchenreihen weht, wenn die Gemeinde alte Zeilen aus dem 16. Jahrhundert singt. Ich habe Tränen in den Augen, wenn ich an die Geschichte von Bonhoeffer denke und dabei seinen trostspendenden Segensworten lausche. Ich lausche den Gesängen von Taizé und kann einen Tag später bei einem ICF-Gottesdienst tanzen.

Wie gut, dass es so viele wunderbare Musikerinnen und Musiker gibt, die mich in jeder Stimmungslage abholen können. Wie gut, dass Gott sich auf jeden von uns einlässt und uns auf unserer Herzensebene begegnen will.

„Wenn ich keine Worte mehr habe, wenn ich müde bin, erschöpft oder auch sehr glücklich, dann holt mich Musik immer ab.“

# START IN DEN ABEND

Welche Erfahrungen hast du mit der praktischen Übung von letzter Woche gemacht? War das ein Zugangsweg, der dir geholfen hat, Gott zu begegnen?

——— *Schreibe dir dazu, wenn du das Buch alleine liest, ein paar kurze Gedanken auf. Bei einem Treffen in der Gruppe tauscht euch über die Erfahrungen der Vorwoche aus.*

# ZUM EINSTIEG

Wie wichtig ist Lobpreis für dich? Könntest du darauf verzichten oder ist Lobpreis ein essenzieller Bestandteil deiner Beziehung zu Gott? Meint „Lobpreis" immer aktuelle Lobpreismusik oder kann Lobpreis auch in Rocksongs, in säkularen Liedern, in alten Hymnen oder ganz anders stattfinden?

——— *Schreibe dir dazu, wenn du das Buch alleine liest, ein paar kurze Gedanken auf. Bei einem Treffen in der Gruppe überlegt kurz und tauscht euch darüber aus.*

## FRAGEN ZUM EINLEITENDEN TEXT

- Wenn Musik so viel kann und Gott uns hierdurch so stark begegnet, warum brauchen wir dann noch eine Predigt und andere gesprochene Worte?
- Was sind die Grenzen von Musik?
- Welches Lobpreislied berührt dich aktuell am meisten und warum?
- Erinnerst du dich an Lieder, die dir nicht gutgetan haben?
- Was sagt deine generelle Musikauswahl über dich aus?
- Tut diese deiner Seele gut oder zieht sie dich gefühlsmäßig zu sehr in negative Stimmungen?

*Schreibe dir dazu, wenn du das Buch alleine liest, ein paar kurze Gedanken auf. Bei einem Treffen in der Gruppe tauscht euch darüber aus.*

## GOTTES GEDANKEN LAUSCHEN

*Lest gemeinsam folgende Bibelstellen. Sie sind hier in Auszügen abgedruckt, lest den ganzen Text in eurer Bibel nach.*

**Halleluja! Ja, es ist gut, unserem Gott Loblieder zu singen! Ihn zu loben, macht froh und ist wunderschön! Der Herr baut Jerusalem wieder auf und führt die Verschleppten Israels zurück. Er heilt gebrochene Herzen und verbindet Wunden. Er zählt die Sterne und nennt jeden einzelnen beim Namen. Unser Herr ist groß und seine Macht ist gewaltig! Seine Erkenntnis übersteigt alles, was wir begreifen können! Der Herr hilft den Demütigen, die Gottlosen aber wirft er zu Boden. Singt dem Herrn Danklieder, lobt unsren Gott mit Harfenklang.**

*Psalm 147*

**Sechs Tage vor Beginn der Passah-Feierlichkeiten kam Jesus nach Betanien, in die Heimatstadt von Lazarus – jenes Mannes, den er von den Toten auferweckt hatte. Dort wurde zu seinen Ehren ein Festessen gegeben. Marta bediente die Gäste, und Lazarus saß mit ihm am Tisch. Da nahm Maria ein zwölf Unzen fassendes Fläschchen mit kostbarem Nardenöl, salbte Jesus mit dem Öl die Füße und trocknete sie mit ihrem Haar. Der Duft des Öls erfüllte das ganze Haus. Da sagte Judas Iskariot, einer seiner Jünger – der, der ihn später verriet: „Dieses Parfüm war ein kleines Vermögen wert. Man hätte es verkaufen und das Geld den Armen geben sollen." … Jesus erwiderte: „Lass sie. Sie hat es als Vorbereitung für mein Begräbnis getan."**

*Johannes 12,1-7*

Die Psalmen 147–150 sind ein einziges „Halleluja" und Lob Gottes. Psalm 147 gehört zu den fünf letzten Psalmen und damit zu einer wunderschönen, gemeinsamen Komposition. Wegen der in ihnen dominierenden hebräischen Wurzel des Verbs loben, werden sie als "hallel", Lobpreis, bezeichnet. Johannes 12,1-8 zeigt Lobpreis auf eine ganz andere Weise, als Marta und Maria bei einem Festessen mit Jesus Lazarus' Wiederauferstehung von den Toten feiern.

# FRAGEN ZU DEN BIBELTEXTEN

## ZUM AUSTAUSCH UND ZUR PERSÖNLICHEN REFLEXION

- In Vers 3 spricht der Psalmist davon, dass Gott alle heilt, die ein gebrochenes Herz haben. Hast du das schon erlebt in deinem Leben?
- Wenn ja, wie genau hast du gefühlt, dass er sich um deine Wunden und Schmerzen gesorgt hat?
- Im zweiten Teil des Psalm 147 dankt der Psalmist Gott für seine Größe und Güte. Wofür möchtest du Gott diese Woche danken?

- Muss Lobpreis immer laut und musikalisch sein? Oder kann Anbetung auch durch stille Taten geschehen – wie durch Marta, die die Gäste bedient, oder wie durch Maria, die Jesus salbt?
- Wie kann Anbetung ohne Musik sonst noch praktisch aussehen?

# JETZT WIRD ES PRAKTISCH

## GEMEINSAM BEIM TREFFEN: BEFIEHL DU DEINE WEGE

Hört euch gemeinsam das geistliche Lied von Paul Gerhardt „Befiehl du deine Wege" an. Paul Gerhardt weiß genau, wovon er singt. Er lebte im 17. Jahrhundert und hatte ein sehr leidvolles Leben, von seinen Kindern überlebte nur eines, seine Frau starb, als das Kind fünf Jahre alt war, und er verlor seine Pfarrstelle aufgrund von theologischen Streitigkeiten.

Wenn ihr das Lied gemeinsam hört und auf den Text achtet, stellt euch vor, wie dieser Mann das Lied in seinem tiefen Schmerz schrieb. Hast du schon mal bewusst solche alten Glaubenslieder gehört? Was löst der Text in dir aus?

*Tauscht euch darüber aus und schließt den Abend mit einem einzelnen oder gemeinsamen Gebet ab.*

## FÜR SICH IN DER KOMMENDEN WOCHE: LOBPREISMINUTEN

Nimm dir in der kommenden Woche an einem Tag mal 15 Minuten Zeit und mach dir eine Lobpreismusik deiner Wahl an. Wenn du lieber geistliche Hymnen hörst, kannst du natürlich auch das anmachen. Wichtig ist nur, dass du 15 Minuten Zeit hast, um die Musik auf dich wirken zu lassen und zu fühlen, was es mit dir macht. Erlebst du dabei, dass Gott dich durch die Musik berührt oder anspricht?

*Schließe diese 15 Minuten mit einem Gebet ab.*

# PLATZ *für*
## *Gedanken, Fragen und Gebete*

# BLÄTTERTEIG-KEKSE

## ZUTATEN

fertigen Blätterteig aus der Kühltheke –
nicht den gefrorenen, sondern den in der Rolle
Toffifee® oder Schoko-Bons®
(mit Toffifee ist es allerdings leckerer)
Puderzucker
1 Eigelb
Pinsel

Tipp: Lieber zwei oder drei Bögen Blätterteig nehmen. Es ist so lecker und ein Bogen ist immer viel zu wenig.

## ZUBEREITUNG

Der Blätterteig wird mit einer runden Form ausgestochen. Gut geht es mit einem Glas. Nun wird ein Toffifee oder Schoko-Bon in die Mitte gelegt und mit Blätterteig bedeckt. Mit einer Gabel leicht am Rand andrücken. Am Schluss mit Eigelb bestreichen. Nun kommt alles für ca. 8 Minuten bei 180 Grad in den Backofen. Regelmäßig schauen, ob die Kekse schon fertig sind. Der Teig muss aufgegangen und leicht bräunlich sein.
Noch Puderzucker obendrauf, und voilà.

**Priska Lachmann** lebt mit ihrer Familie in Leipzig, ist Theologin, Redakteurin und Autorin. Mehr von ihrer Arbeit findet man auf **www.priskalachmann.de.**

# GOTT BEGEGNEN

—

*in der Nächstenliebe*

# NÄCHSTENLIEBE – ANDERE MIT LIEBE BESCHENKEN

*Von Melli Pongratz*

Nächstenliebe. Den Nächsten lieben. Irgendwie ein verrücktes Konzept in einer Welt, die mich eher zur „Ich, mich, meiner, mir – Gott segne uns alle vier"-Einstellung auffordert. Während ich bei meinen eigenen „Nächsten" an meinen Verlobten, meine Familie, die liebsten Freunde, Leute aus meiner Kirche und meine Kollegen denke, wird selbst bei oberflächlicher Betrachtung der Bibel klar: Jesus macht da keine halben Sachen. Seine Nächsten sind nicht nur seine Jünger oder seine Familie, sondern alle Menschen um ihn herum. Alle. Stinkende und blinde Obdachlose, zügellose Prostituierte, verachtete Kranke, hochnäsige Obrigkeiten, arrogante Klugscheißer … die Liste könnte unendlich fortgeführt werden.

Aber klar. Das ist ja auch Jesus. Auf keinen trifft das Wort „Superchrist" wohl so wortwörtlich zu. Tatsächlich gilt der Auftrag aber auch uns! Kurz vor der Kreuzigung betonte Jesus noch mal die zwei wichtigsten Gebote für uns: „Und du sollst den Herrn, deinen Gott, von ganzem Herzen, von ganzer Seele, mit all deinen Gedanken und all deiner Kraft lieben. Das zweite ist ebenso wichtig: Liebe deinen Nächsten wie dich selbst. Kein anderes Gebot ist wichtiger als diese beiden" (Markus 12,30-31). Puh. Das ist mal ein Statement.

# IMMER WIEDER HERAUSGEFORDERT

In meinem Alltag fühle ich mich immer wieder herausgefordert, die Nächsten in meinem Umfeld wirklich zu lieben. Auch die gestresste Bäckersfrau oder den aggressiven Autofahrer hinter mir. Ganz konkret wird das, wenn mir der Heilige Geist einen Gedanken in den Kopf setzt. Woher ich weiß, dass das der Heilige Geist ist? Es sind oft Gedanken, auf die ich selbst gar nicht so konkret gekommen wäre oder auf die ich in dem Moment jetzt nicht direkt so viel Lust habe, da sie mich aus meiner Komfortzone herausschubsen.

Wie zum Beispiel an einem schönen Samstagmorgen im Supermarkt. Ich stehe an der Kasse. An sich ist das jetzt nichts Weltbewegendes. Ich beobachte die Menschen um mich herum, frage mich, was die so im echten Leben machen, betrachte die Frau vor mir, die sich genervt an ihren Rollator lehnt, begutachte ihren Einkauf und frage mich, was diese Einkäufe über ihre Lebenshaltung aussagen ... und plötzlich schießt mir ein Gedanke durch den Kopf: „Zahl doch einfach ihren Einkauf!" Puh. Jesus. Habe ich dich gerade richtig verstanden? Denn ich bin eine Mittelklasse-Studentin. Ich kann mir im Restaurant nicht mal einfach so einen Beilagensalat dazubestellen und jetzt soll ich diesen Einkauf zusätzlich zu meinem kaufen? In meinem Kopf ist ein weiterer Gedanke: „Du musst nicht, aber du verpasst den Segen, den ich dir dadurch gerne schenken will!"

Wenn ich eins in meinem Christenleben begriffen habe: Mit Gott diskutiert es sich eher schlecht, weil er am Ende doch den besseren Überblick über mein Leben hat. Also gut, Jesus!

Die Kassiererin zieht die Einkäufe der Frau durch. Der Endbetrag erhöht sich mit jedem Pieps. Oh je. Ich lächele die Kassiererin an und flüstere ihr zu: „Ich zahle das!" Die Kassiererin schaut, als hätte ich ihr erzählt, dass sich im Drogerie-Gang zwei Rentnerinnen um eine Tube Haftcreme prügeln – ungläubig verwirrt. Die Rollator-Dame blickt mich erschrocken an. Mist. Zu laut geflüstert. Mit erhobener Stimme sagt sie: „Wie bitte?" „Ich würde gerne für Sie bezahlen!", erwidere ich aufgeregt freundlich.

„Ich möchte aber nicht, dass Sie für mich zahlen! Auf gar keinen Fall!", antwortet sie nachdrücklich. „Das möchte ich aber gerne trotzdem tun!" Ich umklammere meine EC-Karte und nicke der Kassiererin bestimmt zu. Sie macht zwei Klicks und deutet auf das EC-Gerät. Inzwischen haben die Rollator-Dame und ich die Aufmerksamkeit der gesamten Supermarkt-Schlange auf uns gezogen. „Sie zahlt einfach für mich, wo gibt's denn so was?!", ruft sie der Schlange hinter mir zu. Uhm. Oje. Jetzt wird mir das hier etwas viel mit der Aufmerksamkeit. Ich zahle meine Einkäufe und husche mit einem Lächeln an der Frau vorbei. Sie ruft mir ein „Dankeschön" hinterher und weg bin ich.

## GESEGNET DURCH DIE BEGEGNUNG

Auf dem Weg zum Auto kommt es, wie es kommen muss. Von den Einkäufen in der Hand fällt mir ausgerechnet die riesen Family-Box Kaubonbons runter, das Plastik springt auf und überall auf dem Gehweg verteilen sich bunte Kugeln. O Mann. Ich mache mich schnell ans Aufsammeln und höre nur von Weitem meine Rollator-Dame, die mit den Worten „Jetzt helfe ich Ihnen!" herangeeilt kommt. Während wir Kaubonbon-Kugeln sammeln, fragt sie nach, wie ich dazu komme, einfach so für jemand anderen zu bezahlen. Ich darf ihr erzählen, dass ich Christin bin und das auf dem Herzen hatte. Und dass Jesus auch für sie da ist und sie von Herzen lieb hat. Sie ist sehr gerührt. Wir verabschieden uns mit einem festen Händeschütteln.

*Du musst nicht, aber du verpasst den Segen, den ich dir dadurch gerne schenken will!*

Ich steige ins Auto und grinse. Ich fühle mich so gesegnet durch diese Begegnung und bin ausnahmsweise mal sehr dankbar für meine Tollpatschigkeit.

Nächstenliebe. Den Nächsten lieben. Irgendwie verrückt, wie ein Konzept, das mich eigentlich dazu bringt, andere mit Liebe zu beschenken, doch mit so unglaublich viel Segen für mich selbst verbunden ist.

„Jesus macht da keine halben Sachen. Seine Nächsten sind nicht nur seine Jünger oder seine Familie, sondern alle Menschen um ihn herum. Alle.“

# START IN DEN ABEND

Welche Erfahrungen hast du mit der praktischen Übung von letzter Woche gemacht? War das ein Zugangsweg, der dir geholfen hat, Gott zu begegnen?

*Schreibe dir dazu, wenn du das Buch alleine liest, ein paar kurze Gedanken auf. Bei einem Treffen in der Gruppe tauscht euch über die Erfahrungen der Vorwoche aus.*

# ZUM EINSTIEG

Heute spielt ihr Komplimente-Pingpong und erlebt so Nächstenliebe durch ermutigende Worte.

Jede von euch findet sich mit einer Partnerin zu einem Zweierteam zusammen. Eine von euch beginnt. Sie hat jetzt zwei Minuten Zeit, Worte der Ermutigung über ihre Partnerin auszusprechen:

- Ich schätze an dir, dass …
- In dieser Situation hat sich dein wertvoller Charakter gezeigt …
- Diese Eigenschaften zeichnen dich aus …
- Ich wünsche dir …

Wenn die zwei Minuten vorbei sind, wechselt ihr, und die andere ist dran, wohltuende Worte auszusprechen. Einfach schön.

# FÜR SICH

„Liebe deinen Nächsten wie dich selbst.“ Tu dir etwas Gutes, gönne dir zum Beispiel eine Pause mit einem leckeren Kaffee und genieße diesen Moment.

# FRAGEN ZUM EINLEITENDEN TEXT

- Hattest du auch schon mal den Impuls, einer fremden Person etwas Gutes zu tun? Hast du dich getraut, dem Impuls nachzugehen?
- Was sind ganz einfache Wege, die Menschen in deinem Umfeld zu lieben? Was hindert dich, diese Ideen einfach umzusetzen?
- Welchen besonderen Akt der Nächstenliebe hast du selbst schon erfahren?
- Welche Stichworte sind in deinem Kopf, wenn du das Wort „Nächstenliebe" liest?
- Wo und wie wirst du in deinem Alltag mit dem Thema konfrontiert?
- Bei welchem deiner Nächsten fällt es dir besonders schwer, sie oder ihn zu lieben? Bei wem ganz leicht? Notiere dir ganz konkrete Namen oder Personengruppen.

*Schreibe dir dazu, wenn du das Buch alleine liest, ein paar kurze Gedanken auf. Bei einem Treffen in der Gruppe tauscht euch darüber aus.*

# GOTTES GEDANKEN LAUSCHEN

*Lest gemeinsam folgende Bibelstelle. Sie ist hier in Auszügen abgedruckt, lest den ganzen Text in eurer Bibel nach.*

**Jesus antwortete: „Ein Mann befand sich auf der Straße von Jerusalem nach Jericho, als er von Räubern überfallen wurde. Sie raubten ihm seine Kleider und sein Geld, verprügelten ihn und ließen ihn halb tot am Straßenrand liegen. Zufällig kam ein jüdischer Priester vorbei. Doch als er den Mann dort liegen sah, wechselte er auf die andere Straßenseite und ging vorüber. Dann kam ein Tempeldiener und sah ihn ebenfalls dort liegen; doch auch er ging auf der an-**

**deren Straßenseite vorüber. Schließlich näherte sich ein Samaritaner. Als er den Mann sah, empfand er tiefes Mitleid mit ihm. Er kniete sich neben ihn, behandelte seine Wunden mit Öl und Wein und verband sie. Dann hob er den Mann auf seinen eigenen Esel und brachte ihn zu einem Gasthaus, wo er ihn versorgte. Am nächsten Tag gab er dem Wirt zwei Denare und bat ihn, gut für den Mann zu sorgen. ‚Sollte das Geld nicht ausreichen', sagte er, ‚dann werde ich dir den Rest bezahlen, wenn ich das nächste Mal herkomme.' Wer von den dreien war nun deiner Meinung nach der Nächste für den Mann, der von Räubern überfallen wurde?", fragte Jesus. Der Mann erwiderte: „Der, der Mitleid hatte und ihm half." Jesus antwortete: „Ja. Nun geh und mach es genauso."**

*Lukas 10,25-37*

# FRAGEN ZUM BIBELTEXT

## ZUM AUSTAUSCH UND ZUR PERSÖNLICHEN REFLEXION

- Was könnte den Samariter zum Helfen bewogen haben?
- Was könnte den Priester und den Leviten daran gehindert haben, dem Verletzten zu helfen?
- An welchen Menschen/Gruppen läufst du manchmal vorbei und „übersiehst" sie?
- Hast du einen Samariter in deinem Leben? Jemand, der sich um dich gekümmert und dir geholfen hat, wieder aufzustehen und weiterzukommen?
- Für wen in deinem Umfeld kannst du ein Samariter sein?

# JETZT WIRD ES PRAKTISCH

## GEMEINSAM BEIM TREFFEN: "LOVE CHANGES"-AKTION

„Möge Liebe die letzte große Tat sein, die diese Welt erschüttert!“ Wie schön wäre es, genau das ganz konkret zu erleben und eure Nächsten diese Woche mit Liebe zu beschenken. Plant eine gemeinsame „Love Changes“-Aktion. Wie könnt ihr eure Community lieben?

**Hier ein paar Vorschläge:** Müll auf öffentlichen Plätzen / Wiesen / in einem schwierigen Stadtteil sammeln, Dankespäckchen für Leute im öffentlichen Dienst packen, Blumen und Ermutigungskärtchen auf der Straße verteilen, in Krankenhäusern abgepackte Süßigkeitenboxen und Dankeskarten für die Schwesternzimmer verteilen ... Plant eure Aktion ganz konkret und vereinbart gleich einen Termin, an dem ihr sie durchführen wollt.

*Schließt den Abend mit einem einzelnen oder gemeinsamen Gebet ab.*

## FÜR SICH IN DER KOMMENDEN WOCHE: FREUDE VERSCHENKEN

Mache einer Person in der kommenden Woche eine Freude (insbesondere jemandem, der mit dem Glauben kaum / nicht viel am Hut hat). Frage Jesus und höre, wen er dir aufs Herz legt. Wer kommt dir in den Kopf, wenn du einen Moment still wirst? Schreibe eine Karte, schicke ein paar Blümchen vorbei, backe Brot oder verschenke leckere Kaffeebohnen. Es muss nichts Aufwendiges oder Großes sein, aber es soll Freude bringen.

*Sprich doch während deiner Vorbereitung ein kurzes Segensgebet für diese Person.*

# PLATZ *für*
## *Gedanken, Fragen und Gebete*

## PASTA-BAR

### ZUTATEN

**… für die Pasta**

ein bis zwei verschiedene Sorten Pasta (ca. 100–150 g pro Person)
Olivenöl
verschiedene Pesto-Sorten
Basic-Pastasoßen deiner Wahl

**… für die Toppings**

gebratene Champignons
gebratene Speckwürfel
angeschwitzte Zwiebeln
Zucchini
Cherrytomaten
Lauchzwiebeln
Parmesan und/oder anderen geriebenen Käse

### ZUBEREITUNG

Die verschiedene Basic-Pastasoßen vorbereiten (z. B. Tomatensoße, Käsesoße) und Pesto nach Wahl bereitstellen. Die Pasta für die entsprechende Personenanzahl kochen. Sobald die Nudeln fertig sind, etwas Olivenöl daruntermischen, damit sie nicht zu sehr aneinanderkleben. Die Toppings und die Soßen in dekorative Schüsselchen füllen. So kann jede zur Pasta-Bar gehen und sich ihre Pasta mit Soße, Pesto und individuellem Topping zusammenstellen und genießen.

**Melli Pongratz (bald Klepper)** bereitet sich gerade auf ihre Hochzeit im Sommer 2021 vor und bloggt bei **www.houlimouli.de** über Gott und das Leben. Sie lebt in München und arbeitet als Leiterin des Bereichs „Coaching 51“ bei Wort des Lebens e.V.

# GOTT BEGEGNEN

—

*im Segen*

# SEGEN – STILLHALTEN UND EMPFANGEN

*Von Christiane Rösel*

Es ist ein klarer Wintermorgen im Januar. Nach dem Frühnebel strahlt die Sonne von einem blauen Himmel. Sie leuchtet mit sich selbst um die Wette. Ich sitze am Schreibtisch und denke: Wie schön! Was für ein Geschenk. Und wie gut tun mir das Licht und die Wärme.

Genau so erlebe ich den Segen Gottes: dasitzen und stillhalten! Und auf einmal wird es hell! Ich kann nichts dazutun. Und selbst wenn ich es wollte: Segen kann ich nicht „tun", sondern nur empfangen. Dieser Segenszuspruch ist für mich in den letzten Jahren zur dichtesten Stelle meines Glaubens geworden. Dabei ist stillsitzen so gar nicht das, was mir auf Anhieb liegt. Ich bin gerne aktiv unterwegs.

Ganz sicher hängt das auch mit meinen Wurzeln zusammen: Aufgewachsen in einer Freien evangelischen Gemeinde, habe ich schon früh gelernt, wie gut und wichtig es ist, dass wir uns einsetzen. Wie sollte das Miteinander sonst auch funktionieren, wenn alle nur dasitzen und die Hände in den Schoß legen? Dazu kommt, dass ich das, was ich tue, auch richtig gerne mache. So habe ich im Laufe meines Lebens diese aktive Seite meines Glaubens nicht nur gelebt, sondern regelrecht kultiviert.

## LEBEN UND GLAUBEN EMPFANGEN

*Genauso erlebe ich den Segen Gottes: dasitzen und stillhalten!*

Etwas anderes ist dabei allerdings tatsächlich zu kurz gekommen: Leben und Glauben zu empfangen. Mein Glaube ist über viele Jahre vor allem zur Arbeit mit und für Gott geworden. Und so habe ich gebetet: für meine Arbeit, für Menschen in Not, für Ideen, die ich brauchte. Natürlich sind das „richtige" Gebete. Aber unter der Hand ist mein Glaube, ohne dass ich es wirklich gemerkt habe, vor allem zu einer Arbeitsbeziehung geworden. Ja, ich habe mich freiwillig angestrengt, aber immer wieder auch mit der bangen Frage im Herzen: „Reicht das, was ich tue?" Durch den Segenszuspruch habe ich etwas Entscheidendes gelernt: Ich muss nicht erringen, wovon ich lebe! Das, was ich wirklich brauche, was mein Leben begründet und mir eine Würde gibt, die unabhängig ist von meiner Leistung – das alles wird mir im Segen zugesprochen. Und wenn ich mein Herz dafür öffne – sogar an jedem Sonntag wieder neu.

## VERSCHIEDENE SEGENSFORMULIERUNGEN

Nun gibt es ja ganz verschiedene Segensformulierungen. Sehr schöne, ermutigende, manchmal auch poetische. Der Segen, der mich immer wieder in besonderer Weise berührt, ist der sogenannte Aaronitische Segen: „Der Herr segne dich und behüte dich; der Herr lasse sein Angesicht leuchten über dir und sei dir gnädig; der Herr hebe sein Angesicht über dich und gebe dir Frieden!“ (4. Mose 6,24-26; LUT). Gott selbst übermittelt Mose diese Segensworte, und der gibt sie wiederum an seinen priesterlichen Bruder Aaron weiter. Bis heute heißt dieser Segen deshalb Aaronitischer Segen. Der Theologe Fulbert Steffensky beschrieb den Segen einmal so:

> *Der Segen ist der Ort höchster Passivität. Es ist der Ort, an dem wir werden, weil wir angesehen werden vom Blick der Güte. Die Schönheit, die Kraft, die Lebensstärke garantieren wir nicht uns selbst. Wir haben sie im Blick, der auf uns ruht. Es leuchtet ein anderes Antlitz über uns als das eigene ... Sich der Güte des fremden Blicks zu verdanken, sich segnen zu lassen ist eine hohe Kunst!*

## GOTT SCHAUT UNS FREUNDLICH AN

Segen bedeutet: Gott schaut uns freundlich an. Dieses Angesehenwerden ist für die Entwicklung eines Menschen außerordentlich wichtig. Wir erfahren unseren Wert dort, wo Mutter und Vater uns anschauen – strahlend, liebevoll und zugewandt. Wo das passiert, entsteht ein Grundvertrauen: Ich habe meinen Platz in dieser Welt. Der Psychologe Erik H. Erikson spricht vom Urvertrauen. Macht ein Kind diese Erfahrung nicht, bleiben oft Zweifel in Bezug auf den eigenen Wert, und Urmisstrauen wächst. Aber Erikson beschreibt spannenderweise auch, wie gerade dieser Segenszuspruch Gottes etwas heilen kann im Leben eines Menschen. Dieser Segen ist nicht nur ein frommer Wunsch, sondern schafft eine neue Wirklichkeit[5]

Da wird etwas gut, in der Tiefe unserer Seele. Frieden (hebräisch: Shalom) heißt: Alles ist gut. Und diesen Frieden spricht Gott selbst uns im Segen zu. Deshalb liebe ich den Ausspruch einer Pfarrerin, die mal gesagt hat: „Wo Segen ist – Kopf hinhalten!“

”
Segen bedeutet: Gott schaut uns freundlich an.
“

# START IN DEN ABEND

Welche Erfahrungen hast du mit der praktischen Übung von letzter Woche gemacht? War das ein Zugangsweg, der dir geholfen hat, Gott zu begegnen?

——— *Schreibe dir dazu, wenn du das Buch alleine liest, ein paar kurze Gedanken auf. Bei einem Treffen in der Gruppe tauscht euch über die Erfahrungen der Vorwoche aus.*

# ZUM EINSTIEG

Kannst du dich an einen besonderen Segenszuspruch erinnern? Hast du einen Lieblingssegen?

——— *Schreibe dir dazu, wenn du das Buch alleine liest, ein paar kurze Gedanken auf. Bei einem Treffen in der Gruppe überlegt kurz und tauscht euch darüber aus.*

# FRAGEN ZUM EINLEITENDEN TEXT

- Wie erlebst du Gesegnetwerden im Gottesdienst?
- Beim Tun oder Empfangen im Glauben – wo findest du dich wieder?
- „Blick der Güte Gottes" – hast du das schon mal erlebt? Wie war das?

*Schreibe dir dazu, wenn du das Buch alleine liest, ein paar kurze Gedanken auf. Bei einem Treffen in der Gruppe tauscht euch darüber aus.*

# GOTTES GEDANKEN LAUSCHEN

*Lest gemeinsam folgende Bibelstelle:*

**Und der Herr redete mit Mose und sprach: Sage Aaron und seinen Söhnen und sprich: So sollt ihr sagen zu den Israeliten, wenn ihr sie segnet: Der Herr segne dich und behüte dich; der Herr lasse sein Angesicht leuchten über dir und sei dir gnädig; der Herr hebe sein Angesicht über dich und gebe dir Frieden. So sollen sie meinen Namen auf die Israeliten legen, dass ich sie segne.**

*4. Mose 6,22-27; Lut*

# FRAGEN ZUM BIBELTEXT

## ZUM AUSTAUSCH UND ZUR PERSÖNLICHEN REFLEXION

- Was verbindest du mit diesem Aaronitischen Segen?
- Segen als wiederkehrendes Ritual – möglichst mit denselben Worten oder lieber kreativ mit neuen Worten und Gedanken? Was tut dir gut?
- Hast du eine Geschichte mit dem Segen?
- Wer spricht bei dir in der Gemeinde den Segen?
- Hast du schon einmal andere gesegnet? Wie war das für dich?
- Segen als Lebenszuspruch, der auch etwas Heilendes hat.
  Was löst dieser Gedanke in dir aus?

# JETZT WIRD ES PRAKTISCH

## GEMEINSAM BEIM TREFFEN: SEGNEN UND SALBEN

Immer wieder mal erlebe ich dieses Gesegnet- und Gesalbtwerden, wenn ich zu einem Gespräch bei meiner Seelsorgerin bin. Dann fragt sie mich am Ende unseres Treffens: „Darf ich dich noch segnen und salben?“ Beim Segnen und Salben können wir einem Menschen ein Kreuzzeichen auf die Hand oder die Stirn machen. Damit sagen wir: „Du bist Eigentum des Gekreuzigten und Auferstandenen, du gehörst zu ihm und stehst unter seinem Schutz.“ Vielleicht habt ihr als Gruppe ja Lust, das einmal auszuprobieren.

Ihr könnt dafür die Worte des Aaronitischen Segens, des unten formulierten Segenswunsches oder auch eigene Segensworte benutzen.

Wenn ihr mögt, könnt ihr außerdem gemeinsam das Lied „Der Herr segne dich“ singen (aus: „Feiert Jesus! 3“, Nr. 238).

*Schließt den Abend mit einem einzelnen oder gemeinsamen Gebet ab.*

## FÜR SICH IN DER KOMMENDEN WOCHE: SEGENSWUNSCH SCHREIBEN

Setze dich an einem Tag in der folgenden Woche in Ruhe hin und formuliere einmal einen eigenen Segenswunsch.

Gibt es jemanden, dem du den folgenden Segenswunsch gerne zusprechen oder per Post zuschicken würdest?

***Segenswunsch***

***Ich segne dich mit Blicken, die zu leuchten beginnen, wenn sie dich sehen.***

***Ich segne dich mit Worten, die es dir zusprechen: Ich freue mich, dass es dich gibt!***

***Ich segne dich mit der Erfahrung, dass du spürst, wie kostbar du bist!***

*Sprich zum Abschluss des Segenschreibens ein Gebet.*

# **PLATZ** *für*
## *Gedanken, Fragen und Gebete*

## BLÄTTERTEIGSTANGEN MIT SCHINKEN UND KÄSE

### ZUTATEN

1 Packung Blätterteig aus dem Kühlregal
200 g Schmand
80 g Schinkenwürfel
100 g geriebener Käse

### ZUBEREITUNG

Den Backofen auf 180 Grad (Umluft 160 Grad) vorheizen. Den Blätterteig entfalten und 100 g Schmand auf einer Hälfte verteilen. Mit 40 g Schinkenwürfeln und 50 g Käse bestreuen. Die nicht belegte Seite umklappen und andrücken. Nun noch die restlichen Zutaten darauf verteilen. Den Teig in Streifen schneiden. Die Streifen eindrehen und auf ein Blech mit Backpapier legen. Die Blätterteigstangen ca. 25 Minuten backen und heiß oder kalt servieren.

**Christiane Rösel** arbeitet als Landesreferentin für den Ev. Gemeinschaftsverband Württemberg - die Apis und lebt mit ihrem Mann am Rand der Schwäbischen Alb; **www.christianeroesel.de.**

# GOTT BEGEGNEN

—

*in Jesus*

# JESUS – IN SEINER NÄHE LEBEN

*Von Maren Hoffmann-Rothe*

Ich sitze in unserem Wintergarten gemütlich mit meinem Gebetstagebuch und einem Stift. Ich schließe die Augen. Ich wünsche mir Zeit mit Gott. Ich sehne mich nach ihm. Ich will ihn sehen. Ich will ihn hören. Ich will ihm begegnen. Ich sitze da mit geschlossenen Augen und schaue, was ich vor meinen inneren Augen sehe: Was entdecke ich? Wird ein Ort oder eine Szenerie sichtbar? Oder gibt es einen Ort, den ich mir gerade vor meinem geistigen Auge in Erinnerung rufen will? Ich schaue mich um und gucke, wo ich in dieser Szenerie bin. Ich sehe einen Berg. Ich bin auf diesem Berg. Vor mir ist Weite, Hügel und hier und da stehen Häuser. Die Sonne scheint. Ich sitze auf einer Bank. Als Nächstes halte ich nach Jesus Ausschau.

Jesus hat mal gesagt, so steht es in Johannes 10, dass er mich nicht loslässt und niemand mich aus seiner Hand reißen kann. Das heißt für mich, dass er immer und überall bei mir ist, also auch in meiner Vorstellungskraft. Manchmal sehe ich ihn deutlich als Mann, manchmal schemenhaft, manchmal als Schatten. Egal, wie ich ihn sehe: Ich spüre, dass Jesus da ist.

## SEINE GEGENWART GENIESSEN

*Alleine nur ein „Ich liebe dich" von ihm zu hören erfüllt mein Herz mit Freude.*

Als Nächstes stelle ich mir bewusst vor, dass ich zu ihm gehe, dass ich in seiner Nähe bin. Ich genieße es, wenn er mich ansieht, mich begrüßt, mich vielleicht in den Arm nimmt oder nur an der Schulter berührt. Seine Blicke, jede seiner Gesten, seine Worte: Sie sind durchdrungen und gegründet in Liebe. Wenn sich eine Unterhaltung entwickelt und ich in mir Sätze höre, dann schreibe ich sie direkt auf, bedacht, innerlich in dieser Situation zu bleiben. Prüfen, was ich denke gehört zu haben, kann und werde ich immer im Nachhinein noch machen. Erst mal jedoch möchte ich einfach zuhören, denn ich lebe von seinen Worten. „Der Mensch lebt nicht vom Brot allein, sondern von einem jeden Wort, das aus dem Mund Gottes geht" (Matthäus 4,4; LUT). Ich lebe von seinen Worten.

Heute Morgen bin ich also auf diesem Berg und Jesus steht hinter mir. Wir schauen in die Weite. Alleine die Vorstellung, dass Jesus bei mir ist, mir nahe ist, überwältigt mich, meine Sinne, gibt mir Ruhe und Frieden, erfüllt mich mit Dankbarkeit. Ich sitze da und höre folgende Sätze: „Meine geliebte Tochter. Liebste Maren. Meinen Frieden gebe ich dir. In meiner Gegenwart erfährst du die Ruhe, die du für diesen Tag brauchst. Für allen Trubel statte ich dich aus. Ich bin hier und gehe mit dir durch den Tag. Fürchte dich nicht. Ich will, dass es dir gut geht. In jeder Situation. Ich sorge für dich und deine Lieben, meine Lieben. Es erfüllt mich mit großer Freude, wenn ich dich stärken darf, wenn du mit mir durch diesen Tag gehst. Dann kommt dein Herz zur Ruhe ..."

## GENAU DAS, WAS ICH HÖREN MUSS

Jeder Satz scheint genau das zu sein, was ich jetzt gerade, heute, in diesem Moment, hören muss. Und tatsächlich sind es oft ganz grundlegende Liebesbekundungen, die ich freudig in mein Herz lasse und aufnehme. Er spricht in meine Lebenssituation hinein. Er erinnert mich an Menschen. Unsere Unterhaltungen sind von Ermutigungen, Zuspruch und stärkenden Ratschlägen und Ideen geprägt. Mit einem berührten, geliebten Herzen öffne ich irgendwann die Augen. Wie viel Zeit ich so zubringe? Das hängt davon ab, wie viel Zeit ich habe oder ich mir nehme.

Auf diese Weise, mit und durch meine mir von Gott gegebene Vorstellungskraft, kann ich Jesus immer und überall und tagtäglich begegnen. Ich kann ihm Fragen und Sorgen hinlegen und mich dabei prüfen: Befindet sich Jesus im Zentrum oder steht das Thema, das mich gerade bewegt, zu sehr im Fokus? Wie sieht es in meinem Herzen aus? Was will ich? Wie geht es mir? Was ist Gott gerade wichtig? Jesus ist der Weg und die Wahrheit und das Leben und das Ziel (Johannes 14,6). Ich sehe, ich spüre, ich höre und schreibe. Ich bin mit meinem ganzen Sein in dieser Übung. Es mag ungewohnt und vielleicht merkwürdig klingen, aber ich liebe diese Begegnungen und habe bei mir und vielen anderen schon bewegende und heilsame Moment dieser Art erlebt. Alleine nur ein „Ich liebe dich“ von ihm zu hören erfüllt mein Herz mit Freude. Ohne Aufschreiben kann ich diese Übung überall und an jedem Ort machen, an dem ich es schaffe, innerlich ruhig zu werden, und mich nicht ablenken lasse.

"
Die Vorstellung, dass Jesus bei mir ist, mir nahe ist, überwältigt mich, gibt mir Ruhe und Frieden, erfüllt mich mit Dankbarkeit.

# START IN DEN ABEND

Welche Erfahrungen hast du mit der praktischen Übung von letzter Woche gemacht? War das ein Zugangsweg, der dir geholfen hat, Gott zu begegnen?

——— *Schreibe dir dazu, wenn du das Buch alleine liest, ein paar kurze Gedanken auf. Bei einem Treffen in der Gruppe tauscht euch über die Erfahrungen der Vorwoche aus.*

# ZUM EINSTIEG

Jede von euch, die möchte, bringt ein paar Bilder oder Gegenstände mit, die für sie die Eigenschaften Jesu ausdrücken. Es wäre schön, wenn sie den anderen in ein paar Sätzen erzählt, wer Jesus für sie ist und was dieses Bild, dieser Gegenstand oder auch ein Schmuckstück für sie ausdrückt. Dies ist eine schöne Form, sich noch besser kennenzulernen, und inspiriert durch die Bilder, Gegenstände und Gedanken die Augen und Sinne für die heutige Übung.

——— *Tauscht euch dann darüber aus.*

# FÜR SICH

Gibt es einen Gegenstand oder ein Bild, das für dich die Eigenschaften Jesu ausdrückt?

——— *Schreibe dir dazu, wenn du magst, ein paar kurze Gedanken auf.*

# FRAGEN ZUM EINLEITENDEN TEXT

- Wer ist Jesus für dich?
- Wie würdest du deine Beziehung zu ihm beschreiben?
- Wie denkst du grundsätzlich über die menschliche Vorstellungskraft?
- Glaubst du, dass Gott den Menschen diese gegeben hat?
- Was meinst du, wofür wir unsere Vorstellungskraft nutzen können?
- Hast du Jesus schon mal gesehen?
- Wie geht es dir mit dem Gedanken, „Jesus zu begegnen“?
- Bist du Jesus schon mal begegnet? Wenn ja: Wie war das?
- Was für Gedanken, Sehnsüchte oder Ängste kommen auf? Möchtest du Jesus begegnen?
- Wem könntest du davon erzählen, mit wem es teilen und dich darüber austauschen?

*Schreibe dir dazu, wenn du das Buch alleine liest, ein paar kurze Gedanken auf. Bei einem Treffen in der Gruppe tauscht euch darüber aus.*

# GOTTES GEDANKEN LAUSCHEN

*Lest gemeinsam folgende Bibelstelle:*

**Daraufhin erwiderte Jesus: „Ich versichere euch:**
**Der Sohn kann nichts aus sich heraus tun. Er tut nur, was er den Vater tun sieht.**
**Was immer der Vater tut, das tut auch der Sohn.“**
*Johannes 5,19*

Ergänzend eignet sich Johannes 10. In diesem Kapitel sind schöne und inspirierende Bilder und Zusagen von Jesus.

# FRAGEN ZUM BIBELTEXT

## ZUM AUSTAUSCH UND ZUR PERSÖNLICHEN REFLEXION

- Wie ist das Gespräch zwischen Jesus und Gott-Vater wohl vonstattengegangen?
- Hörst du Gott genauso klar bzw. siehst du etwas durch ihn so deutlich, dass du anschließend weißt, was du tun und/oder sagen kannst?
- Hast du irgendetwas zu verlieren oder willst du es ausprobieren, Gott so zu sehen bzw. zu hören?
- Wenn du unsicher bist: Gibt es jemanden in deinem Umfeld, dem du die von dir notierten Gedanken zum Lesen geben kannst, um zu prüfen, ob das nach Jesus klingt?
- Was meinst du: Kann es sein, dass unser Gebet und unser Glaubensleben effektiver werden würden, wenn wir wie Jesus erst fragen und dann handeln?
- Betest du für andere?
- Wie betest du für andere?
- Wie würde das aussehen, wenn du so für andere beten würdest, wie Jesus es getan hat? Wie geht es dir damit?
- Kannst du deine Ängste, Gedanken und Gefühle benennen und Jesus anvertrauen?

# JETZT WIRD ES PRAKTISCH

## GEMEINSAM BEIM TREFFEN: BEGEGNUNG MIT JESUS

Nehmt euch ein paar Minuten Zeit. Jede von euch sucht sich einen ruhigen Ort und schließt die Augen. Wie geht es euch damit: Könnt ihr etwas sehen? Seht ihr ein Bild vor eurem inneren Auge? Manchen fällt es leichter, manchen schwerer. Wenn nicht von selbst etwas kommt, dann ruft euch ein Bild in Erinnerung – das kann der Lieblingsplatz zu Hause sein, ein Platz in der Natur (am Fluss, Strand, in den Bergen, letztes Urlaubsziel, der eigene Garten, ein See oder ein anderer Ort, der mit etwas Positivem verbunden wird). Stellt euch euren persönlichen Ort vor. Und wenn ihr ihn seht, dann schaut, wo Jesus ist.

Ich kann euch nicht sagen, wie Jesus aussehen wird. Abhängig von eurer Vergangenheit, eurer Prägung und dem, wie Gott sich euch zeigen wird, wird Jesus da sein ... und zu jeder Einzelnen von euch kommen. Stellt euch vor, dass ihr auf ihn zugeht.

Unterhaltet ihr euch mit Jesus? Redet ihr? Sagt er etwas? Schaut ihn an. Spürt seine Gegenwart.

Fragt ihn, wenn es das erste Mal ist: „Jesus, wie sehr liebst du mich?“, und hört ihm und den Gedanken, die in euren Kopf kommen, zu. Wer mag, schreibt diese auf.

Bitte schreibt sie erst auf – ohne zu überlegen, ob sie so richtig sind und ob Jesus so etwas sagen würde. Ich sage immer: „Lass ihn erst mal ausreden.“ Durchlesen und prüfen könnt und solltet ihr danach in Ruhe. Nehmt euch dafür anschließend noch ein paar Minuten Zeit.

*Schließt den Abend mit einem einzelnen oder gemeinsamen Gebet ab.*

## FÜR SICH IN DER KOMMENDEN WOCHE: ERNEUTE BEGEGNUNG MIT JESUS

Mach es genauso wie an dem Abend in der Gemeinschaft mit den anderen. Es kann sein, dass es dir jetzt leichter fällt, weil du alleine bist und noch mehr Ruhe hast.

Nimm dir ein paar Minuten Zeit und suche dir einen ruhigen Ort. Schließe die Augen.

Kannst du etwas sehen? Siehst du ein Bild vor deinem inneren Auge? Wenn nicht von selbst etwas kommt, dann rufe dir ein Bild in Erinnerung: Das kann dein Lieblingsplatz zu Hause sein, ein Platz in der Natur (am Fluss, Strand, in den Bergen, letztes Urlaubsziel, der eigene Garten, ein See oder ein anderer positiver Ort). Stelle dir den Ort vor. Und wenn du ihn siehst, dann schau, wo Jesus ist.

Ich weiß nicht, wie Jesus aussehen wird, das hängt auch von deiner Vergangenheit, deiner Prägung und dem, wie Gott sich dir zeigen wird, ab. Aber Jesus wird da sein … und zu dir kommen. Stelle dir vor, dass du auf ihn zugehst.

Wie ist die Begegnung mit ihm? Unterhaltet ihr euch? Redest du? Sagt er etwas? Schau ihn an. Spüre seine Gegenwart.

Frage ihn: „Jesus, was möchtest du mir heute sagen?“, und höre ihm und den Gedanken, die in deinen Kopf kommen, zu. Wenn du magst, dann schreibe sie dir auf.

Bitte schreibe sie erst auf – ohne zu überlegen, ob sie so richtig sind und ob Jesus so etwas sagen würde. Lass ihn erst mal ausreden. Nach dieser Zeit mit Jesus kannst du deine notierten Gedanken in Ruhe durchlesen und prüfen.

*Beende diese Zeit mit einem Gebet.*

# PLATZ *für*
*Gedanken, Fragen und Gebete*

## KÄSEPLATTE UND SMOOTHIE

### ZUTATEN

**… für die Käseplatte**

verschiedene Käsesorten
Weintrauben
Feigen
Tomaten
Physalis
dazu: Baguette oder anderes Brot

**… für den Smoothie**

Crushed Ice
Wassermelone, klein geschnitten
eine Prise Zimt

### ZUBEREITUNG

Eine schöne Käseplatte mit zum Beispiel einigen Weintrauben, Physalis, Feigen und Tomaten ist etwas fürs Auge und für alle Sinne. Der Fantasie sind hier keine Grenzen gesetzt. Dazu passt ein leckeres Baguette oder anderes Brot.
Für den Smoothie alle Zutaten in den Mixer geben, durchmixen, ab ins Glas und genießen.

**Maren Hoffmann-Rothe** arbeitet als Mediatorin und Moderatorin und lebt mit ihrer Familie in Wetzlar.

# GOTT BEGEGNEN

—

*in der Kreativität*

Missing you...
BE HAPPY
it drives people
crazy

# KREATIVITÄT – SO VIEL RAUM, FARBE UND FREUDE

*Von Rebekka Schwaneberg*

Kreativität ist meine Herzenssprache und mein „gelobtes Land". Auf diesen Begriff stieß ich zum ersten Mal in der Zeit, als meine Tochter gerade geboren worden war und ich mich in einem absoluten Neuland wiederfand. Alles war plötzlich anders und fremd, und ich war überfordert, fand mich nicht mehr zurecht. Das Muttersein schien mir mehrere Nummern zu groß und gleichzeitig viel zu klein und eng zu sein.

In meiner täglichen Bibellese stieß ich eines Tages auf Psalm 16: „Was du mir für mein Leben geschenkt hast, ist wie ein fruchtbares Stück Land, das mich glücklich macht. Ja, ein schönes Erbteil hast du mir gegeben!" (Psalm 16,6; NGÜ). Das war eine ganz neue, ungewohnte Perspektive auf meine aktuelle Situation.

Ich stellte fest, dass ich mein Leben bislang stark von seinen Begrenzungen her betrachtet hatte: so vieles, das ich gerade nicht hatte oder konnte. Da stand ich am Zaun und schaute sehnsüchtig auf die andere Seite, wo das Gras so viel grüner und die Hügel so viel weiter schienen – statt mich über das Stück Land zu freuen, das Gott mir gegeben hatte.

Dieses „schöne Erbteil", das Gott mir zugedacht hatte, wollte ich endlich entdecken und auskosten, und so stellte ich schon bald fest, dass es darin so viel mehr Raum und Farbe und Freude gab, als ich zunächst vermutet hatte.

## NEUE GOTTESBEGEGNUNG

*In meiner neuen „Art Journaling"-Bibel gestaltete ich mehrere Texte und Gott begegnete mir darin ganz neu.*

Mein Land: Es war schön und weit! Das Muttersein – es „passte" mir immer besser.

Außerdem zog die Kreativität wieder in mein Leben ein. Ich entdeckte einen fast vergessenen Teil meines Lebenslandes wieder, den ich jahrelang nicht betreten hatte. Ich schrieb, ich zeichnete, ich buchte Online-Kreativ-Kurse. Und ich lernte Bible Art Journaling kennen. In meiner neuen „Art Journaling"-Bibel gestaltete ich mehrere Texte und Gott begegnete mir darin ganz neu.

Dieses Erlebnis wollte ich mit Freundinnen teilen und so lud ich sie an einem Herbstabend zum Bible Art Journaling ein. Ich bereitete den Nachtisch „Apfeltraum" vor, legte alle Materialien bereit (jede Freundin bekam zusätzlich eine Goodie Bag) und druckte den Bibeltext für diejenigen aus, die keine eigene „Art Journaling"-Bibel besaßen: Psalm 16, natürlich. Im

Hintergrund spielte leise Lobpreismusik, eine Kerze brannte: Alles war bereit. Wir beteten miteinander, dankten für unsere Gemeinschaft und baten Gott, uns durch sein Wort und in unserem kreativen Prozess zu begegnen.

## HEILIGE ARBEITSATMOSPHÄRE

Dann legten wir los. Wir alle waren sehr schnell voll bei der Sache, lasen den Psalm wieder und wieder für uns selbst und entdeckten die Möglichkeiten, die die unterschiedlichen Materialien uns boten. Der Bibeltext stand im Mittelpunkt, die Kreativität war dabei das Medium. Jeder Einzelnen von uns ging es um die Begegnung mit unserem Vater im Himmel und darum, ihn zu sich sprechen zu lassen – und nicht etwa darum, andere zu beeindrucken oder zu übertrumpfen.
Nach und nach verebbten die lebhaften Gespräche, es herrschte eine andächtige, konzentrierte – ja, heilige Atmosphäre. Kerzenlicht, Lobpreismusik und Papierrascheln erfüllten mein Wohnzimmer. Wir lasen und klebten, schnitten und schrieben, malten und überlegten. Und Gott sprach. Zu jeder Einzelnen, in ihrer jeweiligen Lebenssituation.

Wir zeigten einander unsere Ergebnisse und sprachen über das, was uns besonders nahegegangen war, woran wir uns in unserem Alltag besonders erinnern wollten. Immer wieder war dies die Freude, von der im Psalm so eindringlich und poetisch die Rede ist, oder auch das Wissen um die Sicherheit und Geborgenheit, die Gott uns schenkt. Und eben: das gelobte Land.

So saßen wir noch eine Weile zusammen, löffelten den Apfeltraum, bestaunten die entstandenen Werke, und trotz der vorangeschrittenen Zeit fühlten wir uns gestärkt. Nicht nur für mich war dieser Abend eine Oase in meinem Lebensland. Ich hatte alles, was ich zu meinem Glück brauchte: In Gesellschaft liebender, inspirierender Frauen durfte ich mich auf kreative Weise mit Gottes Wort beschäftigen und seine Gegenwart erleben: „In Your presence there is fullness of joy" – „Dort, wo du bist, gibt es Freude in Fülle" (Psalm 16,11; NGÜ). Amen!

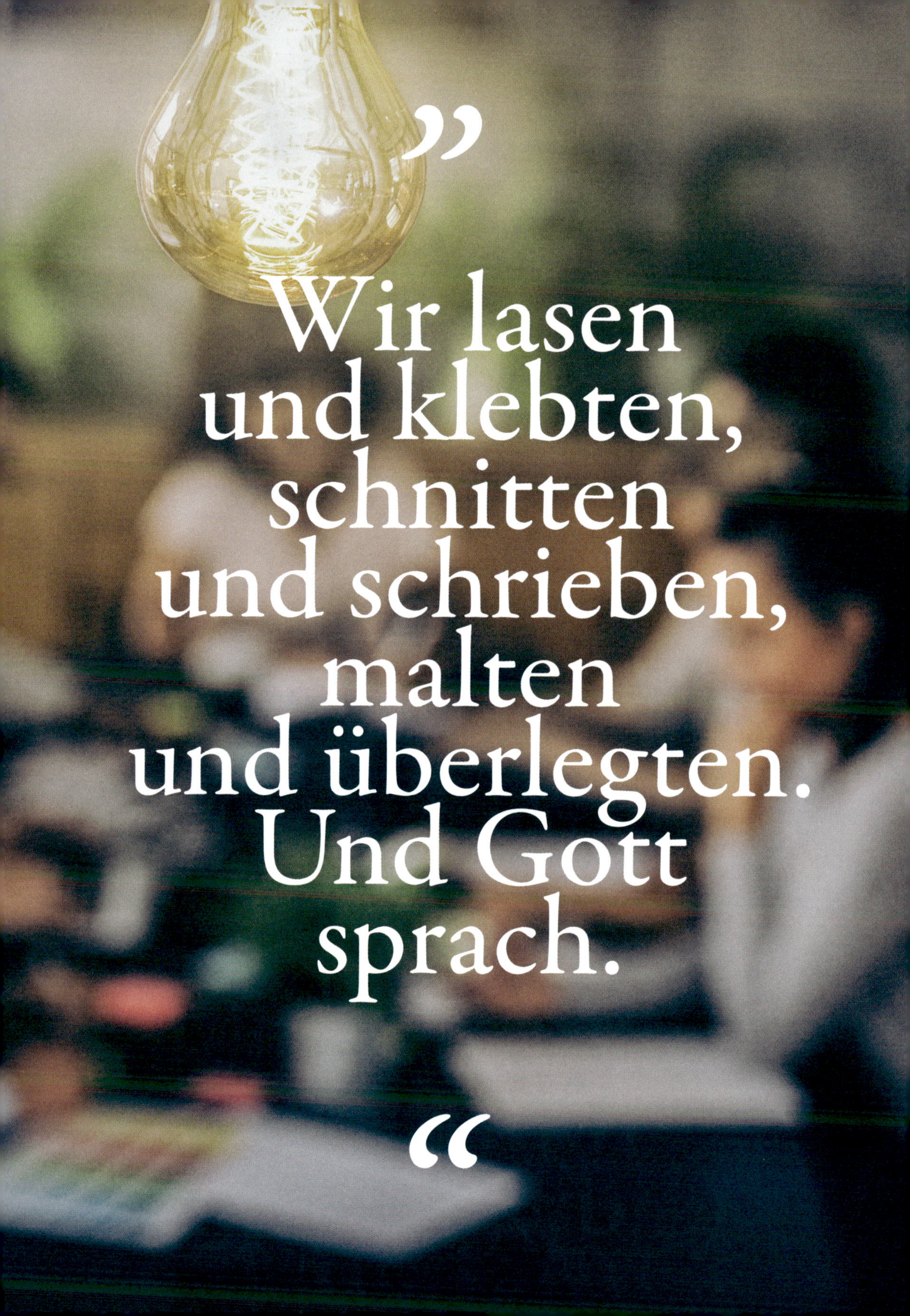
„
Wir lasen
und klebten,
schnitten
und schrieben,
malten
und überlegten.
Und Gott
sprach.
“

# START IN DEN ABEND

Welche Erfahrungen hast du mit der praktischen Übung von letzter Woche gemacht? War das ein Zugangsweg, der dir geholfen hat, Gott zu begegnen?

——— *Schreibe dir dazu, wenn du das Buch alleine liest, ein paar kurze Gedanken auf. Bei einem Treffen in der Gruppe tauscht euch über die Erfahrungen der Vorwoche aus.*

# ZUM EINSTIEG

Den Einstieg ins Thema könnt ihr auf zweierlei Art gestalten – je nachdem, welche Idee euch mehr zusagt. Der erste Einstieg ist etwas aufwendiger und eignet sich besser für kleine Gruppen; der zweite Einstieg erfordert kaum Vorbereitung und ist auch für größere Gruppen geeignet. Wer das Buch alleine liest, kann den Einstieg auch für sich allein machen.

**EINSTIEG 1:** Füllt flache Kisten (z. B. alte Schubladen, große Tabletts, Obstkisten, Schuhkartons) mit Sand oder Erde. Legt außerdem unterschiedliche Materialien bereit: Steine, (Trocken- oder Plastik-) Blumen, Stöckchen, Spielfiguren (Menschen und Tiere), Puppenhausmöbel, Münzen, Muscheln, Perlen, Stroh, kleine Schalen mit Wasser, Werkzeug …

Jede kann nun in einer der gefüllten Kisten „ihr Gebiet" abstecken und es mit den Gegenständen füllen, die zu ihrem aktuellen Leben passen: Wie empfindest du dein Leben, dein persönliches „Land", gerade? Ist es eng oder weit? Ist es karg oder lebendig? Hast du eine Quelle, einen Ort für dich? Zu welchen Menschen stehst du in Beziehung und wie sehen die Beziehungen aus? Was ist dir gerade wichtig – über welchen Schatz freust du dich?

**EINSTIEG 2:** Ihr benötigt genügend Papier und Stifte. Jede zeichnet nun eine Landkarte ihres Lebens auf – entweder zurückblickend mit den wichtigsten Stationen ihres Lebens oder gegenwartsbezogen mit den „Gebieten" ihres aktuellen Lebens. Die Fragestellung ist dieselbe wie in Einstieg 1: Wenn mein Leben ein Land wäre – wie würde es aussehen?

——— *Schreibe dir dazu, wenn du das Buch alleine liest, ein paar kurze Gedanken auf. Bei einem Treffen in der Gruppe tauscht euch über eure Ergebnisse aus.*

# FRAGEN ZUM EINLEITENDEN TEXT

- Hast du es auch schon einmal erlebt oder so empfunden, dass du dich in einer Lebensphase wiedergefunden hast, die dir nicht gefiel oder die dich extrem herausgefordert hat? Wie bist du damit umgegangen? Was hat dir geholfen?
- Wenn du Mutter bist: Wie hast du die ersten Monate mit Kind erlebt? Was war schön, was war schwierig? Was hat dir geholfen?
- Wie empfindest du deine aktuelle Lebenssituation – eher als „Einöde" oder als „fruchtbares Land"?
- Was bedeutet Kreativität für dich? Wie lebst du sie aus?
- Was ist deine Herzenssprache? Wie drückst du dein Innerstes gerne aus?
- Falls du dich selbst für „unkreativ" hältst – warum? Wie kannst du dich selbst vom Gegenteil überzeugen?
- Wo findest du Gott – oder ist es eher umgekehrt: Wo findet er dich?

- Wer oder was inspiriert dich – und wozu?
- Mit welchen Frauen lebst du deinen Glauben und wie sieht eure Gemeinschaft aus? Wünschst du dir mehr Gemeinschaft mit Glaubensschwestern und wie sollte diese aussehen?

*Schreibe dir dazu, wenn du das Buch alleine liest, ein paar kurze Gedanken auf. Bei einem Treffen in der Gruppe tauscht euch darüber aus.*

## GOTTES GEDANKEN LAUSCHEN

*Lest gemeinsam folgende Bibelstelle. Legt beim Lesen einen Fokus auf den zweiten Absatz (Verse 5-11).*

**Beschütze mich, Gott, denn ich flüchte mich zu dir! Ich habe zum Herrn gesagt: „Du bist mein Herr, mein Glück finde ich allein bei dir." An den Gottesfürchtigen und an denen, die Gott vertrauen, habe ich große Freude. Die andere Götter verehren, werden viele Sorgen haben. An ihren Opfern will ich nicht teilnehmen und die Namen ihrer Götter nicht einmal in den Mund nehmen.**

**Herr, du allein bist mein Besitz, mein Becher, angefüllt mit Segen. Du bewahrst mein Erbe. Das Land, das du mir geschenkt hast, ist ein schönes Land und ein wunderbarer Besitz! Ich will den Herrn loben, der mich beraten hat. Sogar in der Nacht werde ich an seinen Rat erinnert. Ich weiß, dass der Herr immer bei mir ist. Ich will nicht mutlos werden, denn er ist an meiner Seite. Darum ist mein Herz erfüllt mit Freude, und mein Mund lobt ihn mit lauter Stimme. Auch mein Körper ruht sicher. Denn du wirst deinen Heiligen nicht im Grab verwesen lassen und wirst nicht dulden, dass dein Gottesfürchtiger im Grab verwest. Du wirst mir den Weg zum Leben zeigen und mir die Freude deiner Gegenwart schenken. Aus deiner Hand kommt mir ewiges Glück.**

*Psalm 16*

# FRAGEN ZUM BIBELTEXT

## ZUM AUSTAUSCH UND ZUR PERSÖNLICHEN REFLEXION

- Welcher Vers oder Textabschnitt spricht dich besonders an und warum?
- Welche „anderen Götter" kennen wir in unserem Leben – wie können wir sie enttarnen und ihnen den Platz zuweisen, der ihnen gebührt?
- „Fruchtbares Stück Land" (NGÜ) bzw. „schönes Land" (NLB): Wofür steht dieses Land in Vers 6 des Psalms – für David und Israel zur Zeit der Entstehung des Psalms und für uns heute?
- Was bedeutet es, dass Gott selbst „mein Besitz und mein Erbe" (NGÜ) ist?
- „Ich freue mich über alle, die zu Gottes heiligem Volk gehören" (NGÜ): Was bedeutet dir Gemeinschaft mit anderen Christen? Worüber freut ihr euch aneinander?
- Bist du zufrieden mit dem, was Gott dir schenkt – oder hättest du lieber ein anderes „Erbteil"? Wenn ja, warum und was für eines? Wie kannst du dankbarer und glücklicher werden und die Fülle erleben, von der im Psalm die Rede ist?
- Erkundest und nutzt du das, was Gott dir schenkt, wirklich, oder bleibst du lieber in den vertrauten Ecken deines „Landes"? In welchen Bereichen möchtest du neu auf Erkundungstour gehen und entdecken, was Gott in deinem schönen Erbteil, diesem wunderbaren Besitz, noch für dich bereithält?
- „Du teilst mir zu, was ich brauche" (NGÜ): Glaubst und erlebst du das? Oder gibt es in deinem Leben Mangel? Wie gehst du damit um?
- Welche Früchte bringt dein Leben hervor – und welche Früchte wünschst du dir?

# JETZT WIRD ES PRAKTISCH

## GEMEINSAM BEIM TREFFEN: "BIBLE-ART-JOURNAL"-COLLAGE „MEIN GELOBTES LAND“

Ihr benötigt folgende Materialien:

- kleine Blanko-Hefte im Format DIN A5 oder DIN A6, nicht größer (die Hefte können auch günstig aus weißem Papier selbst gefaltet oder gebunden werden. Noch interessanter ist es, verschiedene Papiere zu einem Heft zusammenzufügen, z. B. alte Buchseiten und Collagepapiere)
- Psalm 16 ausgedruckt in verschiedenen Übersetzungen, Textarten und Schriften
- alte Bücher und Magazine
- andere Collage- oder Scrapbooking-Papiere
- Scheren und Kleber
- diverse Stifte und Farben (z. B. Wasser- oder Acrylfarbe)
- ggf. Stempel und Sticker, Glitzer (diverse weitere Materialien sind möglich; verwendet einfach, was ihr habt)

Bible Art Journaling bezeichnet die kreative Gestaltung eines Bibeltextes. Dies kann direkt in der Bibel geschehen oder aber – so wie hier beschrieben – im Tagebuch oder auf anderen Maluntergründen. Versucht das, was euch in dem Text begegnet und anspricht, mithilfe von Farben, Mustern und Bildern auszudrücken. Hierbei gibt es keine Regeln, kein Richtig oder Falsch. Bible Art Journaling ist eine kreative Art des Gesprächs mit Gott und ihr dürft ihn bitten, zu euch zu sprechen und euch zu leiten.

Für den Ablauf ist es wichtig, dass alle Materialien für alle gut erreichbar bereitliegen. Jede von euch erhält zu Beginn ein Heft. Der Psalm wird noch einmal vorgelesen, am besten in verschiedenen Übersetzungen. In der Stille bittet ihr Gott, euch zu begegnen.

## SCHRITT 1: MEIN PERSÖNLICHER PSALM

Der Bibeltext dient als Grundlage für die Gestaltung des Heftes – mit der Fragestellung: „Was ist mein gelobtes Land?“

Gliedert den Psalm in Sinnabschnitte und Verse und klebt ihn dann auf die Seiten des Heftes. Dabei könnt ihr verschiedene Übersetzungen miteinander kombinieren und auch Verse umstrukturieren oder sogar auslassen.

## SCHRITT 2: DIE KREATIVE GESTALTUNG DES PSALMS

Wenn ihr alles für euren Psalm zusammengestellt habt, geht es an die kreative Gestaltung des Textes: Ihr könnt Bilder ausschneiden und aufkleben, mit Farben und Worten spielen, etwas zeichnen oder stempeln und persönliche Gedanken aufschreiben (das nennt man dann „journaln“).

Es müssen nicht alle Seiten im Heft fertig gestaltet werden – jede von euch arbeitet in ihrem Tempo und mit dem Vers oder Textabschnitt, der sie am meisten anspricht. Ihr könnt das begonnene Heft mit nach Hause nehmen und dort weitergestalten. Es müssen auch nicht alle Materialien verwendet werden; sie dienen als Angebot, das ausgeschöpft werden darf, aber nicht muss.

Zum Abschluss könnt ihr die Hefte oder auch nur einzelne Seiten daraus zeigen und besprechen: Was wurde wie gestaltet und warum?

——— *Schließt den Abend mit einem einzelnen oder gemeinsamen Gebet ab.*

## FÜR SICH IN DER KOMMENDEN WOCHE: "BIBLE-ART-JOURNAL"-COLLAGE

Nimm dir an einem Abend Zeit und suche einen Psalm oder einen Bibelvers aus, der dich anspricht. Lege dir Stifte, Farben und Materialien bereit und gestalte den Bibeltext wie bei der Übung am Abend mit kreativen Mitteln.

——— *Beende deine kreative Zeit mit Gott mit einem Gebet.*

# PLATZ *für*
## *Gedanken, Fragen und Gebete*

## APFELTRAUM

### Zutaten

1 Packung Löffelbiskuits
1 großes Glas Apfelmus
250 g Magerquark
250 g Mascarpone
100 g Zucker
100 ml Milch
1 Becher Schlagsahne
Zimt und Zucker

### Zubereitung

Die Löffelbiskuits in eine flache Form schichten oder, etwas zerbröselt, auf kleine Gläser verteilen. Das Apfelmus darübergeben. Quark, Mascarpone, Zucker und Milch verrühren. Die Sahne steif schlagen und unterheben. Die Quarkmasse auf dem Apfelmus verstreichen. Den Apfeltraum 1–2 Stunden im Kühlschrank durchziehen lassen. Kurz vor dem Servieren mit Zimt und Zucker bestreuen. Dieses Rezept meiner Großtante reicht für 6–8 Personen und ist einfach so lecker.

**Rebekka Schwaneberg** lebt mit ihrer Familie in Berlin und hat sich 2018 als Künstlerin selbstständig gemacht. Sie malt, schreibt inspirierende Briefe und bloggt auf **www.rebekkasloveletter.de.**

# GOTT BEGEGNEN

—

*im Gebet*

# GEBET – WENN DIE SEELE NACH HAUSE KOMMT

*Von Lissy Schneider*

Im Schneidersitz, die Arme verschränkt, so sitze ich nach dem Spätdienst auf meinem Sofa. Ich kann die Spannung in meinem Körper spüren. Meine Töchter schlafen, mein Mann liest und ich hadere. Ich habe meine Patienten versorgt, zwei Lebensgeschichten mit ihren Krankheitsverläufen gehen mir besonders nah. Wieso beschäftigt mich das Leid anderer immer wieder so intensiv? Warum kann ich nicht einfach abschalten und ins Bett gehen? Es nicht so nah an mich heranlassen? Wieso bin ich so? Zweifel, wie Gott Leid zulassen kann, Zweifel an mir selbst, Zweifel an meiner Berufswahl …

Aber all das geschieht nicht im luftleeren Raum, meine Fragen stehen nicht unausgesprochen in meinem Kopf. Ich sitze, wie an den meisten Abenden, in unserem Wohnzimmer, habe meine Kerzen angezündet und mein Gebetstagebuch liegt bereit. Vielleicht werde ich meinem Gebet noch eine schriftliche Ausdrucksform geben, vielleicht bleibt es aber auch bei den Fragen, die ich laut ausspreche, denn ich bin schon mittendrin im Gespräch mit Gott. Über Jahrzehnte habe ich unter dem Gefühl gelitten, dass mein Gebetsleben lebendiger sein sollte oder könnte. Viele Jahre lang habe ich das Gebet nicht als „nach Hause kommen" bezeichnet. Ich hatte Listen, weil ich an alle Menschen denken wollte, unheimlich viele Bücher über das Gebet gelesen und konnte mich meistens nicht dazu aufraffen. Die vielen kurzen Gebete im Alltag, diese kurzen Hinwendungen zu Gott in der Betriebsamkeit, waren ständige Begleiter. Aber zur Ruhe kommen, hinhorchen, die bewusste Stille suchen, um zu beten, das kannte ich nur vom Hörensagen.

## EIN PAAR BEWUSSTE MINUTEN

An besagtem Abend nach meinem Spätdienst antwortete mir Gott nicht auf übernatürliche Weise. Trotzdem: Dieses Ritual, mich abends nach dem Tag hinzusetzen, Kerzen anzuzünden, die Bibel bereitliegend, falls ein Impuls kommt – das ist mir in den letzten Monaten so lieb und wichtig geworden. Es füllt nicht Stunden, es sind ein paar bewusste Minuten. Und es hat sich bewährt, dieses Ritual nach meiner abendlichen Dusche einzuführen. Eine Verknüpfung mit einer schon bestehenden Gewohnheit.

Am nächsten Abend, wieder nach dem Spätdienst, meine Mädels schlafen, mein Mann liest und wieder sitze ich auf meinem Sofa. Diesmal allerdings nicht mit frustrierten Fragen, sondern eher nachdenklich. Denn auf dem Weg zu meinen Patienten fiel mir ein Vers ein, den ich heute Abend nachschlage. „Freut euch mit den Fröhlichen. Weint mit den Weinenden" (Römer 12,15; LUT).

Oft bewirkt Gebet genau das bei mir: nicht die Veränderung der äußeren Umstände, sondern eine andere, neue Sichtweise. Und obwohl ich so gerne eine andere wäre, wird diese Wandlung von Gott an mir sicher nicht stattfinden, denn es scheint meine Aufgabe zu sein, mit den Weinenden zu weinen. Das schenkt mir im Umgang mit meinen Patienten Empathie und diese Emotionen geben den Gesprächen mit Gott Lebendigkeit. Ich habe schon lange keine Listen mehr, sondern gehe mit den Situationen am Abend zu Gott, die ich tagsüber erlebt habe: all die schönen Dinge, über die ich mich echt gefreut habe, und all die Dinge, die mich überfordert oder verletzt haben.

## MIT UND BEI GOTT

Es gibt auch Tage, an denen mir nichts einfällt, ich zu müde bin, meine zweifelnden Fragen zu laut. Dann bete ich ein Gebet, das ich vor langer Zeit einmal geschrieben habe. Meine unruhigen Gedanken klinken sich ein in Wahrheiten, die im Moment nicht fühlbar sind, aber trotzdem real. Ich habe immer wieder versucht, mit den Psalmen der Bibel zu beten, und ich schätze diese sehr, aber ich bin nicht im Krieg, finde viele Begrifflichkeiten befremdlich, sodass meine Seele nicht nach Hause kommt, wenn ich mit den Psalmen bete. So entstand mein eigener Psalm, den ich abends auf dem Sofa bete, die Kerzen sind an, und bevor ich mich ins Bett lege, beende ich mit diesem mir so lieb gewonnenen Ritual meinen Tag mit und bei Gott. Gebet als Ritual in meinem Alltag, denn da kommt meine Seele nach Hause.

*Meine unruhigen Gedanken klinken sich ein in Wahrheiten, die im Moment nicht fühlbar sind, aber trotzdem real.*

»Oft bewirkt Gebet bei mir keine Veränderung der äußeren Umstände, sondern eine andere, neue Sichtweise.«

# START IN DEN ABEND

Welche Erfahrungen hast du mit der praktischen Übung von letzter Woche gemacht? War das ein Zugangsweg, der dir geholfen hat, Gott zu begegnen?

——— *Schreibe dir dazu, wenn du das Buch alleine liest, ein paar kurze Gedanken auf. Bei einem Treffen in der Gruppe tauscht euch über die Erfahrungen der Vorwoche aus.*

# ZUM EINSTIEG

Wenn du auf deinen heutigen Tag zurückblickst, kannst du dich daran erinnern, wann und ob du gebetet hast? Und wenn du auf dein Leben im Allgemeinen schaust: In welchen Situationen betest du?

——— *Schreibe dir dazu, wenn du das Buch alleine liest, ein paar kurze Gedanken auf. Bei einem Treffen in der Gruppe überlegt kurz und tauscht euch darüber aus.*

# FRAGEN ZUM EINLEITENDEN TEXT

- Welche ersten Gedanken kommen dir, wenn du an das Thema Gebet denkst? Der Wunsch, es eigentlich gerne öfter im Alltag zu praktizieren? Vielleicht sogar ein schlechtes Gewissen, weil du meinst, es kommt nicht oft genug in deinem Leben vor? Oder bist du zufrieden, so, wie es gerade ist?
- Freust du dich im Trubel des Alltages auf den Moment, an dem du mit deinen Anliegen ohne Ablenkungen vor Gott treten kannst?
- Ist es für dich ein interessanter oder abschreckender Gedanke, das Gebet als ein festes Ritual in deinen Tag einzuplanen?
- Was fehlt in deinen Augen, damit du dieses Ritual in deinem Leben etablieren kannst? Zeit, Motivation oder das Gefühl, dass Gebet schon einmal etwas bewirkt hat?

*Schreibe dir dazu, wenn du das Buch alleine liest, ein paar kurze Gedanken auf. Bei einem Treffen in der Gruppe tauscht euch darüber aus.*

# GOTTES GEDANKEN LAUSCHEN

*Lest gemeinsam folgende Bibelstellen. Sie sind hier in Auszügen abgedruckt, lest den ganzen Text in eurer Bibel nach.*

**Daniel ... ging in das obere Stockwerk seines Hauses, wo er die Fenster, die nach Jerusalem zeigten, immer geöffnet hielt. Trotz des Verbotes kniete er sich nieder, dankte und lobte Gott und flehte ihn an, wie er es auch sonst dreimal täglich machte. Da stürmten jene Männer herein und fanden Daniel, wie er seine Bitten vor Gott brachte und ihn um Erbarmen anflehte.**

*Daniel 6,11-12*

**Wenn du betest, geh an einen Ort, wo du allein bist, schließ die Tür hinter dir und bete in der Stille zu deinem Vater. ... So sollt ihr beten: "Unser Vater im Himmel, dein Name werde geehrt. Dein Reich komme bald. Dein Wille erfülle sich hier auf der Erde genauso wie im Himmel. Schenk uns heute unser tägliches Brot und vergib uns unsere Schuld, wie auch wir denen vergeben haben, die an uns schuldig geworden sind. Lass nicht zu, dass wir der Versuchung nachgeben, sondern erlöse uns von dem Bösen."**

*Matthäus 6,6-13*

# FRAGEN ZU DEN BIBELTEXTEN

## ZUM AUSTAUSCH UND ZUR PERSÖNLICHEN REFLEXION

- Was kannst du am Gebetsleben von Daniel beobachten? Ort, Zeit, was kommt in seinem Gebet vor?
- Unter welchen Umständen betet Daniel?
- Was kannst du von ihm lernen in Bezug auf den Punkt „äußere Umstände"?
- Was kannst du von ihm lernen über den Inhalt seines Gebetes?
- Welche Dinge überschneiden sich, wenn du die beiden Bibelstellen miteinander vergleichst?
- Was könntest du für dich mit in dein Gebetsleben nehmen? Vielleicht hast du eine Idee davon bekommen, wie dein persönlich aufgeschriebenes Gebet aussehen und was es beinhalten könnte.

# JETZT WIRD ES PRAKTISCH

## GEMEINSAM BEIM TREFFEN: MOMENT DER STILLE

Gemeinsam werdet ihr jetzt still und schließt die Augen. Ihr dürft einfach darauf achten, was ihr fühlt, wahrnehmt und welche Gedanken euch durch den Kopf fliegen oder sich auch festsetzen. Es wäre schön, wenn ihr es tatsächlich für zwei bis drei Minuten (Timer stellen) ausprobiert.

Jede von euch formuliert dann einen Satz mit diesen Gedanken und Gefühlen. Schön ist es, wenn ihr Gott gegenüber im Gebet einen Satz als Dank und einen als Bitte formuliert und vor ihn bringt. Wenn ihr das Gefühl habt, dass das zu persönlich ist, formuliert diese Gebete nicht laut, sondern verteilt im Vorfeld Zettel und Stifte und schreibt sie auf.

*Schließt den Abend mit einem einzelnen oder gemeinsamen Gebet ab.*

## FÜR SICH IN DER KOMMENDEN WOCHE: GEBETSRITUAL IM ALLTAG

Beobachte an einem Tag (wenn möglich, nach dem Treffen am Abend vorher) deinen Alltag und finde heraus, wann du ein Gebetsritual in deinen Tag einbauen könntest: Morgens, bevor deine Familie aufwacht? Vor der Arbeit? Ein paar Minuten bevor du beginnst zu kochen? Abends? ... Ich habe mir am Anfang einen Wecker gestellt, der mich mit Kirchenglocken an die Gegenwart Gottes erinnert und mich eingeladen hat, kurz innezuhalten. Was könnte dir helfen? Eine Kerze anzünden, Gebete aufschreiben und dafür ein Heft bereitlegen, einem bestimmten „Muster“ folgen wie Dank, Bitte, Fürbitte oder mit einem Bibelvers beginnen? Lege in dieser Woche das Ritual fest und probiere es aus. Versuche dranzubleiben. Aber wenn es nicht gelingt: kein Druck. Es geht um das Einüben eines geistlichen Rituals und nicht um das Erreichen eines Zieles.

# PLATZ *für*
## *Gedanken, Fragen und Gebete*

## PANNACOTTA MIT FRÜCHTEN

### ZUTATEN

1 Vanilleschote
500 g Schlagsahne
2 EL Zucker
1 Blatt weiße Gelatine
frische/gefrorene Erdbeeren oder Himbeeren
frische Minze oder Kokosraspeln zur Dekoration

### ZUBEREITUNG

Vanilleschote auskratzen und mit dem Zucker und der Sahne in einem Topf verrühren. Kurz aufkochen lassen, dann ca. 15–20 Minuten leicht köcheln lassen.
Die Gelatine in kaltem Wasser einweichen, ausdrücken und in der heißen Sahne auflösen. In kleine Gläschen, Muffinförmchen aus Silikon oder Ähnliches (pro Person ca. 100 ml) füllen. Das Ganze muss ca. 3 Stunden im Kühlschrank fest werden. Die frischen oder aufgetauten Früchte pürieren und vor dem Servieren auf die Pannacotta geben. Ein paar Minzblätter oder Kokosflocken sehen schön als Dekoration aus.

**Lissy Schneider** lebt mit ihrer Familie in Schorndorf, arbeitet als Krankenschwester im ambulanten Pflegedienst und bloggt unter **www.alltagsstueckwerk.com.**

# GOTT BEGEGNEN

—

*in der Freundschaft*

# FREUNDSCHAFT – VON GOTT ZUEINANDERGESTELLT

*Von Sonja Sorbara*

Als ich meine Freundin Rebekka zum ersten Mal sah, stand sie in einem Gottesdienst auf der Bühne und erzählte mit sichtbarer Freude von einer Reise nach Russland. Sie berichtete davon, wie sie mit Süßigkeiten beschenkt worden war und wie das ihr Herz berührt hatte. „Stellt euch vor: ein Sack voller Süßigkeiten!" Ihre Begeisterung kannte keine Grenzen. Etwas an ihrem Erzählen ging mir ans Herz. Vielleicht einfach nur die Tatsache, dass ich nur sehr wenige Frauen kannte, die einen unverkrampften Umgang mit Süßigkeiten haben. Als ich sie kennenlernte, stellten wir fest, dass das Ins-Auge-Springen auf Gegenseitigkeit beruht hatte. Auch ich war ihr aufgefallen, oder genauer: mein leuchtend violetter Blazer. Der hatte in ihr den gleichen Gedanken ausgelöst wie der Sack Süßigkeiten in mir, nämlich: „Diese Frau muss ich näher kennenlernen!"

# INTENSIVE ZEIT AUF ENGEM RAUM

Es traf sich, dass Rebekka und ich am gleichen Jüngerschaftsprogramm teilnahmen, und so wohnten, arbeiteten und lernten wir fast ein Jahr lang zusammen. Diese Zeit auf engem Raum war intensiv. Wir entdeckten eine tiefe, gemeinsame geistliche Sehnsucht und fanden schnell heraus, dass wir ähnliche Lebensträume, Begabungen und Visionen hatten und immer noch haben. Und uns darüber hinaus auch gegenseitig inspirierten! Das bestärkte uns in der Gewissheit, dass unsere Freundschaft kein Zufall war. So hätte alles sonnig und perfekt sein können in dieser Freundschaft – wenn da nicht unsere ungesunden Verhaltensmuster gewesen wären!

Wenn ich verunsichert war, neigte ich dazu, übertrieben freundlich zu sein. Ich wollte äußere Harmonie verbreiten, wenn ich mich innerlich zerrissen fühlte. Eine verzweifelte Strategie, um von anderen Menschen Liebe zu erzwingen. Nur dass Rebekka da nicht mitmachte. Sie hatte ihre eigene Art, mit innerem Druck umzugehen: mit Ärger und Angriff. Meine unechte Freundlichkeit machte sie regelmäßig noch wütender, und so schaukelten wir in Konfliktsituationen gegenseitig unsere Verunsicherung, unsere Ängste und unsere Wut hoch. Mehrmals hätten wir unsere Freundschaft am liebsten beendet. Es war anstrengend, einen Spiegel vorgehalten zu bekommen und gleichzeitig die Schwachstellen der anderen auszuhalten.

Als ich meine Freundin Daniela zum ersten Mal sah, war ich als „Abend-Gast" zu einer Konfirmandenfreizeit eingeladen worden, um meine Lebensgeschichte zu erzählen. Daniela war im Leitungsteam der Freizeit und gab mir alle Informationen, die ich brauchte. Ich nahm sie als sehr zurückhaltend und abwartend wahr. Ein bisschen, als wollte sie mich zuerst testen, bevor sie ihr Herz öffnete. Und der Ausgang dieses Tests war an diesem Abend höchst ungewiss. Dass mein Leben mit dem ihren verknüpft war, war indes von Anfang an klar: Sie und ihr Mann gehörten zu den engsten Freunden meines Verlobten. Wenn ich nach der Hochzeit zu ihm ziehen würde, würde auch sie zu meinem Freundeskreis gehören. Die Beziehung mit Daniela war also vorprogrammiert. Wie wir sie gestalten würden, war jedoch in unseren Händen.

Daniela und ich wohnten nahe beieinander und trafen uns häufig, teilten praktische Fragen und Alltagssorgen und später Familien- und Erziehungsthemen miteinander. Als junge Ehefrau und Mutter war das mehr als hilfreich für mich. Aber auch mit Daniela gab es hin und wieder Konflikte, Meinungsverschiedenheiten und Missverständnisse. Der Knackpunkt daran war, dass Danielas Reaktion auf Konflikte innerer Rückzug war und dass dieser Rückzug in eine uralte, tiefe Wunde aus meiner Kindheit traf. Und meine Art, aus Angst Dinge nicht klar auszusprechen, sondern Ausflüchte zu suchen, war für sie ziemlich anstrengend und verunsichernd. Wenn wir einen Konflikt hatten, gab es viel zu klären, offenzulegen und auszuhalten, bis wir am wunden Punkt ankamen.

## AUSHALTEN UND KLÄREN

Beide Freundschaften sind bereichernd und inspirierend, aber ich glaube, was uns am meisten Tiefe und Nähe geschenkt hat, war das Aushalten und das schonungslos ehrliche Klären unserer Konflikte sowie das Eingestehen unserer Angst, verlassen zu werden. Die Grundlage dafür war das tiefe Bewusstsein, dass wir von Gott zueinandergestellt worden waren. Wir wollten das bejahen und immer wieder einen gemeinsamen Weg finden. Dieses Grundvertrauen in Gottes gute Pläne ließ uns die Ängste und den Ärger, das Anstrengende und Beschwerliche ertragen.

Eine Freundschaft ist ein Raum, in dem das Reich Gottes ganz praktisch gelebt und erlebt werden kann. Es ist ein Raum für das Zulassen von Schwachheit, von Verletzlichkeit und auch für das Heilwerden. In diesem Raum können wir Gott – seine Liebe, seine Güte, seine Heilung – in einer ungekannten Tiefe erleben. „Der Mensch wird am Du zum Ich", sagte Martin Buber.[5] Wir können dann zum Ich werden, wenn wir Menschen als Gegenüber haben, die Augen voller Liebe und Hoffnung haben. Die unsere Schwachheit sehen, sie aushalten und sich nicht daran hindern lassen, den Menschen zu sehen, den Gott sich gedacht hat. Und auch wir: Indem wir das sehen, was Gott sich bei jedem Einzelnen gedacht hat, bringen wir unser Gegenüber auf wundersame Weise zum Vorschein.

„Eine Freundschaft ist ein Raum, in dem das Reich Gottes ganz praktisch gelebt und erlebt werden kann.“

# START IN DEN ABEND

Welche Erfahrungen hast du mit der praktischen Übung von letzter Woche gemacht? War das ein Zugangsweg, der dir geholfen hat, Gott zu begegnen?

——— *Schreibe dir dazu, wenn du das Buch alleine liest, ein paar kurze Gedanken auf. Bei einem Treffen in der Gruppe tauscht euch über die Erfahrungen der Vorwoche aus.*

# ZUM EINSTIEG

Jede bringt einen Gegenstand mit, der etwas von ihrem Wesen beschreibt; einen Charakterzug, den (noch) nicht viele an ihr kennen.

Eine von euch beginnt und legt ihren mitgebrachten Gegenstand in die Mitte. Die anderen versuchen herauszufinden, wofür er steht und was er für sie bedeutet. Je nach Gruppengröße könnt ihr die Anzahl der Vorschläge beschränken.

——— *Tauscht euch dann darüber aus.*

# FÜR SICH

Denke an deine Freundinnen. Überlege dir eine Sache, die die Freundschaft zu ihnen so besonders macht (z. B. ein gemeinsam erlebtes Abenteuer, die gegenseitige Unterstützung, die netten Kaffeepausen).

——— *Schreibe dir dazu, wenn du magst, ein paar kurze Gedanken auf.*

# FRAGEN ZUM EINLEITENDEN TEXT

- Was ist eine Freundin? Wie unterscheidet sie sich von einer guten Bekannten? Gibt es eine Grenze bezüglich der Anzahl von Freundinnen, die man haben kann?
- Denke an eine besonders liebe Freundin. Wie hast du sie kennengelernt? Wie hebt sich diese Freundschaft von anderen ab? Wie ist es zu dieser Nähe gekommen?
- Wie lebst du Freundschaft am liebsten? Wähle aus: einander an Gefühlen, Unsicherheiten, Erlebnissen teilhaben zu lassen; den Alltag miteinander teilen; einander helfen und unterstützen; zu zweit Dinge unternehmen; zusammen Neues wagen; gemeinsame Interessen und Hobbys; füreinander beten; füreinander da sein; einander so oft wie möglich sehen; einander inspirieren, mitziehen.
- In welche Beziehungen bist du gestellt worden? Bei welchen Freundschaften spürst du, dass sie von Gott gewollt sind? Was bedeutet das für die Freundschaft?
- Was war deine erste Freundschaftserfahrung? Wie hat diese Erfahrung dein Erleben von Freundschaft geprägt?
- Was brauchst du, damit du dein Herz öffnen und Vertrauen schenken, dich verletzlich machen kannst?
- Was bist du bereit in Freundschaften zu investieren? Was wagst du?
- Was ist dein Herzenswunsch, was Freundschaften betrifft?

# GOTTES GEDANKEN LAUSCHEN

*Lest gemeinsam folgende Bibelstelle:*

**Die Liebe ist geduldig und freundlich. Sie ist nicht neidisch oder überheblich, stolz oder anstößig. Die Liebe ist nicht selbstsüchtig. Sie lässt sich nicht reizen, und wenn man ihr Böses tut, trägt sie es nicht nach. Sie freut sich niemals über Ungerechtigkeit, sondern sie freut sich immer an der Wahrheit. Die Liebe erträgt alles, verliert nie den Glauben, bewahrt stets die Hoffnung und bleibt bestehen, was auch geschieht. Die Liebe wird niemals aufhören, selbst wenn Prophetie, das Reden in unbekannten Sprachen und die Erkenntnis vergehen werden.**

*1. Korinther 13,4-8*

# FRAGEN ZUM BIBELTEXT

## ZUM AUSTAUSCH UND ZUR PERSÖNLICHEN REFLEXION

- In welchen Situationen hast du eine solch vollkommene Liebe schon erlebt?
- „Die Liebe erträgt alles, verliert nie den Glauben, bewahrt stets die Hoffnung ..." Erlebst du das so in deinen Freundschaften? Was macht diese Liebe mit dir?
- Wie gehst du mit Enttäuschungen in Freundschaften um? Wie löst du Konflikte?
- Sind Neid und Eifersucht ein Thema in deinen Freundschaften? Falls ja, kannst du ehrlich darüber reden? Was lösen solche Gefühle aus, und was bewirken sie?
- Wo hast du dein Herz hineingeworfen und wurdest belohnt?
- Wo hast du alles gewagt und wurdest enttäuscht?
- Was würde Jesus wohl zu deinen Freundschaftserfahrungen sagen – sowohl zu den positiven als auch zu den enttäuschenden?

# JETZT WIRD ES PRAKTISCH

## GEMEINSAM BEIM TREFFEN: VERLETZLICHKEIT WAGEN

Für die folgenden Freundschaftsübungen findet euch immer jeweils zu zweit zusammen. Je nach Länge des Abends könnt ihr auch nur ein oder zwei davon machen. Nach jeder Übung könnt ihr die Partnerin wechseln oder aber in der Konstellation bleiben.

- Sagt einander drei Dinge, die ihr aneinander besonders schätzt.
- Was sind eure größten Ängste in Freundschaften? Betet füreinander, nachdem ihr euch darüber ausgetauscht habt.
- Fragt einander, wie es euch geht. Versucht, ganz ehrlich zu antworten und das Risiko einzugehen, euch verletzlich zu machen. Vertraut einander etwas an und betet dann dafür.

*Schließt den Abend mit einem einzelnen oder gemeinsamen Gebet ab.*

## FÜR SICH IN DER KOMMENDEN WOCHE: ZUHÖREN UND MITGEHEN

Diese Wochenübung besteht aus zwei Teilen: Frage in dieser Woche deine Freundin, wie es ihr geht, und sei bereit, gut zuzuhören. Falls sie dich fragt, wie es dir geht, sei aufrichtig und wage es, dein Herz zu öffnen.

Nimm ein Herzensanliegen deiner Freundin in deine Gebetszeit mit Gott mit und bete täglich dafür. Bitte Gott um einen Bibelvers für die Situation und sprich diese Worte über deiner Freundin aus.

## PLATZ *für*
## *Gedanken, Fragen und Gebete*

## WAFFELN

### ZUTATEN

125 g weiche Butter (Zimmertemperatur)
1 TL Vanilleextrakt, Vanillepulver oder Vanillezucker
100 g Zucker
3 Eier
250 g Mehl
1 Prise Salz
1 TL Backpulver
200 g Milch

**Ideen für den Belag**

geschlagene Sahne
frische Beeren
Apfelmus oder Apfelkompott
Erdnussbutter
Konfitüre oder Marmelade
Puderzucker
Ahornsirup
Vanilleeis
Nuss-Nougat-Aufstrich

### ZUBEREITUNG

Butter, Zucker und Vanillezucker, -extrakt oder -pulver verrühren. Die Eier nach und nach unterrühren. Das Mehl mit dem Salz und dem Backpulver vermischen und zum Teig geben. Am Ende die Milch langsam unterrühren. Das Waffeleisen vorheizen und je zwei gehäufte Esslöffel Teig auf das Waffeleisen geben. Jede Waffel etwa 1–2 Minuten goldbraun backen. Die Teigmenge ergibt ca. 10 Waffeln.

### WICHTIG

Heute bedient ihr euch nicht selbst, sondern „bestellt“ bei eurer rechten Sitznachbarin. Die Person rechts von euch sorgt für euch, belegt eure Waffel, schenkt euch ein … so wie ihr für die Person links von euch. Dies kann auch eure Übung für den Abend sein.

**Sonja Sorbara** ist Erwachsenenbildnerin, backt Cupcakes auf Bestellung und lebt und arbeitet mit ihrer Familie in Zürich. Sie bloggt unter **www.himmlischgeerdet.wordpress.com**.

# GOTT BEGEGNEN

*in der Bibel*

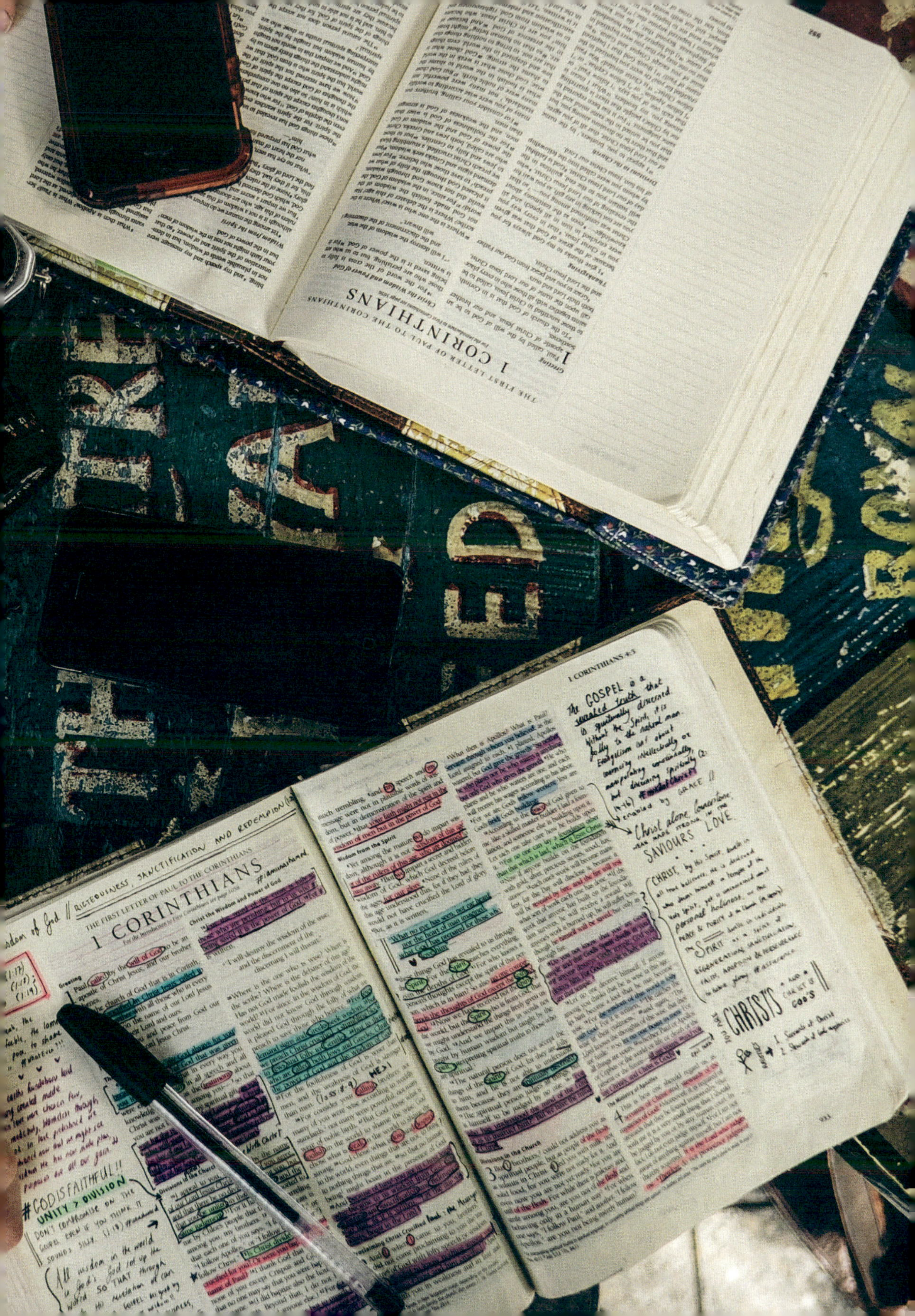
THE FIRST LETTER OF PAUL TO THE CORINTHIANS
1 CORINTHIANS
THE FIRST LETTER OF PAUL TO THE CORINTHIANS
1 CORINTHIANS
CHRISTS

# DIE BIBEL – EINE STIMME IN UNSEREM LEBEN

*Von Christina Brudereck*

Ich bin dankbar für die Bibel. Ich könnte sogar sagen: Ich liebe die Bibel. Das liegt wohl zunächst einmal daran, dass ich Bücher überhaupt liebe. Und Literatur. Meine Liebe zu diesem besonderen Buch hat zunächst denselben Ursprung oder entspringt demselben Ort in mir wie meine Liebe zu „Die Farbe Lila“ und einem Lied wie „Walk on“.

Ich liebe Worte. Geschichten. Unvergessliche Charaktere. Sprechende Bilder. Reime. Ich habe immer gerne gelesen. Und immer gerne erzählt. Die Bibel ist für mich also zunächst eins der Bücher, eine der reichen Quellen, die Euphorie kennt und Schmerz.

Die weiß, wie herausfordernd das Leben sein kann. Und doch ist etwas anders mit diesem Buch. Von diesem Buch erwarte ich mehr. Ich lese es mit einer anderen Aufmerksamkeit.

Die Bibel hat eine Stimme in meinem Leben. Sie ist eine Autorität für mich. Eine, die mehr weiß als ich, älter ist, erfahrener und angefüllt mit anderen, verrückten, göttlichen Ideen. Die Bibel. Weltliteratur. Der Bestseller schlechthin. Jährlich etwa 20 Millionen Mal gedruckt und verteilt. Das meistverkaufte und meistübersetzte Buch der Welt. In über 2200 Sprachen. Wenn ich Bibel lese, dann immer mit einem Vorschuss an Vertrauen. Ich erwarte etwas Gutes. Inspiration. Hilfe. Frieden. Manchmal muss ich mich aufraffen. Manchmal gelingt es nicht. Manchmal muss ich beten: dass ich nicht in der Bibel herumstolziere … sondern mich beschenken lasse, lieben lasse, korrigieren lasse.

# ENTDECKERINNEN

Als Hauskreis die Bibel zu lesen, bedeutet für mich, dass eine Stimme mehr mit in unserer Runde sitzt. Wenn wir einen Bibeltext lesen, wird uns etwas erzählt, das nicht von uns kommt. Ein Psalm, ein Kapitel, ein einzelner Vers. Ich persönlich finde es spannend, eher unbekannte Verse auszuwählen für unsere Runde. Nicht solche, die wir schon oft gehört haben. Wir haben verschiedene Erfahrungen mit diesem Buch gemacht und unser Zugang zur Bibel ist von unserer Biografie geprägt.

*Die Bibel hat eine Stimme in meinem Leben. Sie ist eine Autorität für mich.*

Ich finde es auch spannend, zu einem Text zusätzlich eine passende, kleine Anregung mitzubringen. Das kann eine Auslegung aus einem Buch sein. Die Begriffsklärung eines hebräischen Wortes. Ein kurzer theologischer Kommentar. Ein Zitat aus dem Talmud. Ein Gedicht. Oder auch eine eigene Frage, eine Deutung, etwas, das mir in dem Text aufgefallen ist.

In meinem Hauskreis ist es so, dass diejenige, die den Text ausgewählt hat, ihn für alle ausgedruckt mitbringt. So können wir unsere Entdeckungen notieren, das Blatt im Anschluss mit nach Hause nehmen und unsere Anregungen sammeln.

»Wenn ich Bibel lese, dann immer mit einem Vorschuss an Vertrauen. Ich erwarte etwas Gutes. Inspiration. Hilfe. Frieden.«

# START IN DEN ABEND

Welche Erfahrungen hast du mit der praktischen Übung von letzter Woche gemacht? War das ein Zugangsweg, der dir geholfen hat, Gott zu begegnen?

——— *Schreibe dir dazu, wenn du das Buch alleine liest, ein paar kurze Gedanken auf. Bei einem Treffen in der Gruppe tauscht euch über die Erfahrungen der Vorwoche aus.*

# ZUM EINSTIEG

**Fanden sich Worte von dir, so nahm ich sie begierig auf. Deine Worte waren mir Glück und Herzensfreude, denn dein Name war über mir ausgerufen.**

*Jeremia 15,16; BigS*

So beschreibt Jeremia Gottes Worte.
Wie würdest du sie beschreiben?
Welche Rolle spielt die Bibel in deinem Leben?

——— *Schreibe dir dazu, wenn du das Buch alleine liest, ein paar kurze Gedanken auf. Bei einem Treffen in der Gruppe überlegt kurz und tauscht euch darüber aus.*

## FRAGEN ZUM EINLEITENDEN TEXT

In meinem Hauskreis wird das Lesen des Bibeltextes durch unseren Austausch vorbereitet. So sind unsere aktuellen Fragen, Anliegen, schönen und schweren Erlebnisse gegenwärtig. Der Bibeltext bringt noch einmal einen anderen Blick mit auf unsere Themen. Jede erzählt und jede beschenkt die anderen mit ihren Fragen. Wir achten darauf, dass alle gleichwürdig vorkommen.

Fragen, die immer zu unserem Programm gehören, sind:

- Wie nimmst du zurzeit in deiner Familie teil? Wie geht es (dir mit) deiner Mutter? Deinem Vater? Deinen Eltern? Wie ist deine Beziehung zu Geschwistern, Kindern, Mann …?
- Wie erlebst du deine Arbeit zurzeit? Das Pensum, die Verantwortung, das Team?
- Wie geht es dir mit der Gemeinde? Was ist schön, herausfordernd, was wünschst du dir?
- Wie erlebst du dich in unserer Zeit, Welt, Gesellschaft? Was macht dir Sorgen, welche Entwicklung freut dich, wo schlägt dein Herz höher?

*Schreibe dir zu diesen Fragen, wenn du das Buch alleine liest, ein paar kurze Gedanken auf. Bei einem Treffen in der Gruppe überlegt kurz und tauscht euch darüber aus.*

## GOTTES GEDANKEN LAUSCHEN

*Lest gemeinsam folgende Bibelstelle:*

**Ihr Vater Ephraim trauerte lange um sie und seine Verwandten kamen, um ihn zu trösten. Danach schlief Ephraim wieder mit seiner Frau und sie wurde schwanger und bekam einen Sohn. Ephraim nannte ihn Beria, wegen des Unglücks, das über seine Familie gekommen war. Ephraim hatte eine Tochter namens Scheera.**

**Sie erbaute das untere und das obere Bet-Horon und Usen-Scheera.**

*1. Chronik 7,22-24*

# FRAGEN ZUM BIBELTEXT

## ZUM AUSTAUSCH UND ZUR PERSÖNLICHEN REFLEXION

- Warum konnten die Geschwister Efraim wohl nicht trösten? Kennst du das? Was tröstet uns eigentlich?
- Haben wir in unseren Krisen Trost auch mal als unangemessen oder unangenehm erlebt?
- Efraim sucht Trost bei seiner Frau und die beiden haben Sex. Findest du Sex tröstlich? Ist das typisch männlich?
- Was löst der Text bei dir aus? Was irritiert dich? Was spricht dich an?
- Welches Wort berührt dich? Welche Fragen weckt der Text?
- Efraim nennt seinen Sohn Beria, „Unglück". Weißt du, was dein Name bedeutet? Findest du, dass dein Name zu dir passt? Weißt du, ob deine Eltern einen Wunsch mit deinem Namen verbunden haben?
- Der Name Scheera bedeutet „Lebensunterhalt". Wir stellen uns eine finanziell unabhängige Person vor. Wie war das, als du zum ersten Mal eigenes Geld verdient hast?

Diese Tochter baut Städte! Wie kommt eine Frau dazu, Städte zu bauen? Wow! Das verändert mein Bild von Frauen im Alten Testament. Sie ist wohl eine Bauhandwerkerin. Eine Städteplanerin. Wir haben eine geschäftige Frau vor Augen. Es liest sich, als sei sie wie geboren für dieses Projekt. Und: Sie gibt einer Stadt, die sie gebaut hat, ihren eigenen Namen: „Usen-Scheera". Das bedeutet: „Stärke der Scheera". Oder auch: „Hört Scheera zu". Sie benennt die dritte Stadt doch tatsächlich nach ihrer eigenen Stärke. Das wäre so, als würden wir nicht in Essen leben, sondern zum Beispiel in „Usen-Judith", Stärke der Judith. Wir erfinden Namen: Dorotheenburg. Neususannhausen. Miriamstein. Annettenkirchen. Bad Gerlint. Ober-Sandra-Stadt. Christinenkirchen ...Wie würdest du deine Stadt benennen?

Ich bewundere diese unbekannte Frau aus der Bibel. Ich freue mich über sie. Ich bin dankbar für ihr Vorbild, ihre Inspiration.

Formuliere für dich einen Wunsch oder ein Vorhaben, zum Beispiel:

- Ich würde gerne zu meiner eigenen Stärke finden.
- Ich möchte mein Vorhaben zum Erfolg führen.
- Ich wünsche mir, finanziell unabhängiger zu werden; schon seit Langem denke ich, dass mir eine Gehaltserhöhung zusteht; der Text macht mir Mut, sie endlich zu beantragen.

Wie Scheera sind wir eine eigene Stadt, unser „Bauprojekt", unser Zuhause. Ich würde gerne „Eigene Stärke" heißen. Ich nehme die Erinnerung an Scheera mit nach Hause. Sie soll mich begleiten.

Formuliere zum Schluss einen Wunsch, ein Vorhaben, ein Versprechen dir selbst gegenüber. Welche Idee nimmst du mit in die nächste Zeit?

## JETZT WIRD ES PRAKTISCH

### GEMEINSAM BEIM TREFFEN: BLICKWINKEL

Jede, die mag, kann zu diesem Treffen eine passende kleine Anregung zum Text mitbringen. Das könnte zum Beispiel eine Auslegung aus einem Buch sein. Die Begriffsklärung eines hebräischen Wortes. Ein kurzer theologischer Kommentar. Ein Zitat aus dem Talmud. Ein Gedicht. Ein Gegenstand. Oder auch eine eigene Frage, eine Deutung, etwas, das ihr in dem Text aufgefallen ist. Kopiert den Bibeltext in einem möglichst großen Format und legt ihn, gemeinsam mit euren kleinen Anregungen, in die Mitte. Lasst euch von diesen dazu inspirieren, den Text noch mal aus einem ganz anderen Blickwinkel zu betrachten.

——— *Schließt den Abend mit einem einzelnen oder gemeinsamen Gebet ab.*

## FÜR SICH IN DER KOMMENDEN WOCHE: LESEZEIT UND GEBET

Nimm dir an einem Tag Zeit zum Bibellesen. Wähle einen Psalm, ein Kapitel oder einen einzelnen Vers aus. Am besten unbekannte Verse, nicht solche, die du schon oft gehört hast. Dann beschäftige dich mit dem Text. Lies ihn dir mehrmals in Ruhe durch, gerne in verschiedenen Übersetzungen. Du kannst auch einen kurzen theologischen Kommentar dazu lesen. Und dann schau, ob Gott durch den Bibeltext zu dir spricht.

——— *Schließe diese Zeit mit einem Gebet ab.*

In meinem Hauskreis sprechen wir zum Abschluss des Abends immer „unser" Gebet. Wir beten es so, dass eine beginnt, und die anderen folgen strophenweise.

*Ich bete für euch, meine Freundinnen.*

*Die Heilige Geistkraft berühre unseren Mund.*

*Niemals mehr mögen wir ängstlich schweigen.*

*Sie verleihe uns Kühnheit.*

*Ich bete für euch, meine Freundinnen.*

*Die Heilige Geistkraft blicke in unsere Augen.*

*Niemals mehr mögen wir lichtlos leben.*

*Sie beschenke uns mit Urteilsvermögen.*

*Ich bete für euch, meine Freundinnen.*

*Die Heilige Geistkraft erhalte uns*

*alle Zuneigung und Verbundenheit.*

*Niemals mehr mögen wir einsam sein.*

*Sie liebe uns immer wieder in die Liebe.*

*Ich bete für euch, meine Freundinnen.*

*Die Heilige Geistkraft bestärke unseren Willen.*

*Niemals mehr mögen wir harmlos sein.*

*Sie wecke unseren Zorn.*

*Ich bete für euch, meine Freundinnen.*

*Die Heilige Geistkraft küsse unsere Hände.*

*Niemals mehr mögen wir machtlos sein.*

*Sie belebe täglich unsere Kraft und Zärtlichkeit.*

*Ich bete für euch, meine Freundinnen.*

*Die Heilige Geistkraft verbinde uns mit der Luft.*

*Niemals mehr mögen wir leblos sein.*

*Sie atme in uns.*

*Ich bete für euch, meine Freundinnen.*

*Die Heilige Geistkraft heile allen Mangel.*

*Niemals mehr mögen wir gottlos sein.*

*Sie erfülle uns mit heiliger Kraft,*

*segne uns in unserer Lebensberufung.*

*Amen.*

# PLATZ *für*
## *Gedanken, Fragen und Gebete*

## BLATTSALAT MIT HIMBEER-DRESSING UND AMARETTINIS

### ZUTATEN

**... für Salat und Dressing**

Blattsalate der Saison
Himbeergelee
Himbeeressig
Kürbiskernöl
geröstete Kürbiskerne
dazu frische Himbeeren (wenn die Jahreszeit es hergibt)

**... für die Amarettinis**

200 g gemahlene Mandeln
100 g Puderzucker
1 Röhrchen Bittermandelaroma
2 Eiweiß

### ZUBEREITUNG

Für das Dressing das Kürbiskernöl, Himbeeressig und Himbeergelee verrühren und es kurz vor dem Servieren zusammen mit den gerösteten Kürbiskernen unter den Salat heben. Den Backofen auf 150 Grad vorheizen. Die gemahlenen Mandeln mit der Hälfte des Puderzuckers vermischen. Eier trennen und das Eiweiß mit der anderen Hälfte des Puderzuckers schaumig rühren. In das Eiweiß das Bittermandelaroma und die Mandelmischung löffelweise unterheben. Auf ein mit Backpapier belegtes Backblech kleine Kugeln des Teiges setzen. 15 Minuten bei 150 Grad backen. Den Ofen ausschalten und im geschlossenen Ofen in 1 Stunde fertig backen.

**Christina Brudereck** lebt als Schriftstellerin in Essen. Gemeinsam mit dem Pianisten Ben Seipel bildet sie das Duo 2Flügel. Sie liebt Indien, Südafrika und das Ruhrgebiet, wo sie in einer evangelischen Kommunität lebt. **www.christinabrudereck.de**

## ANMERKUNGEN

[1]Das Buch ist auf Deutsch bei SCM erschienen, inzwischen aber nur noch als E-Book erhältlich.

[2]Aus dem englischen Original übersetzt: Letters to Malcolm – Chiefly on Prayer, Geoffrey Bles, 1964: „We may ignore but we can nowhere evade the presence of God. The world is crowded with Him [...] The real labor is to remember to attend. In fact to come awake. Still more to remain awake."

[3]JOYCE 1/20, S. 70-72.

[4]Fulbert Steffensky, Schwarzbrotspiritualität, Radius 2005, S. 179.

[5]Erik H. Erikson, Der junge Mann Luther, Rowohlt 1970, S. 130.

[6]Martin Buber, Ich und Du, Gütersloher Verlagshaus, 17. Auflage 1999.

## BILDQUELLEN

Shutterstock.com: S. 8

Unsplash.com: S. 12/108/114

Stock.adobe.com: S. 18/30/44/68/80/92/106/112/120/132/144/159

Istockphoto.com: S. 20/36/56/58/62

Lightstock.com: S. 16/22/24/27/32/34/40/46/50/70/74/82/86/88/94/98/103/122/126/134/138/146/148/150